미래와 통하는 책

동양북스 외국어
KB176194

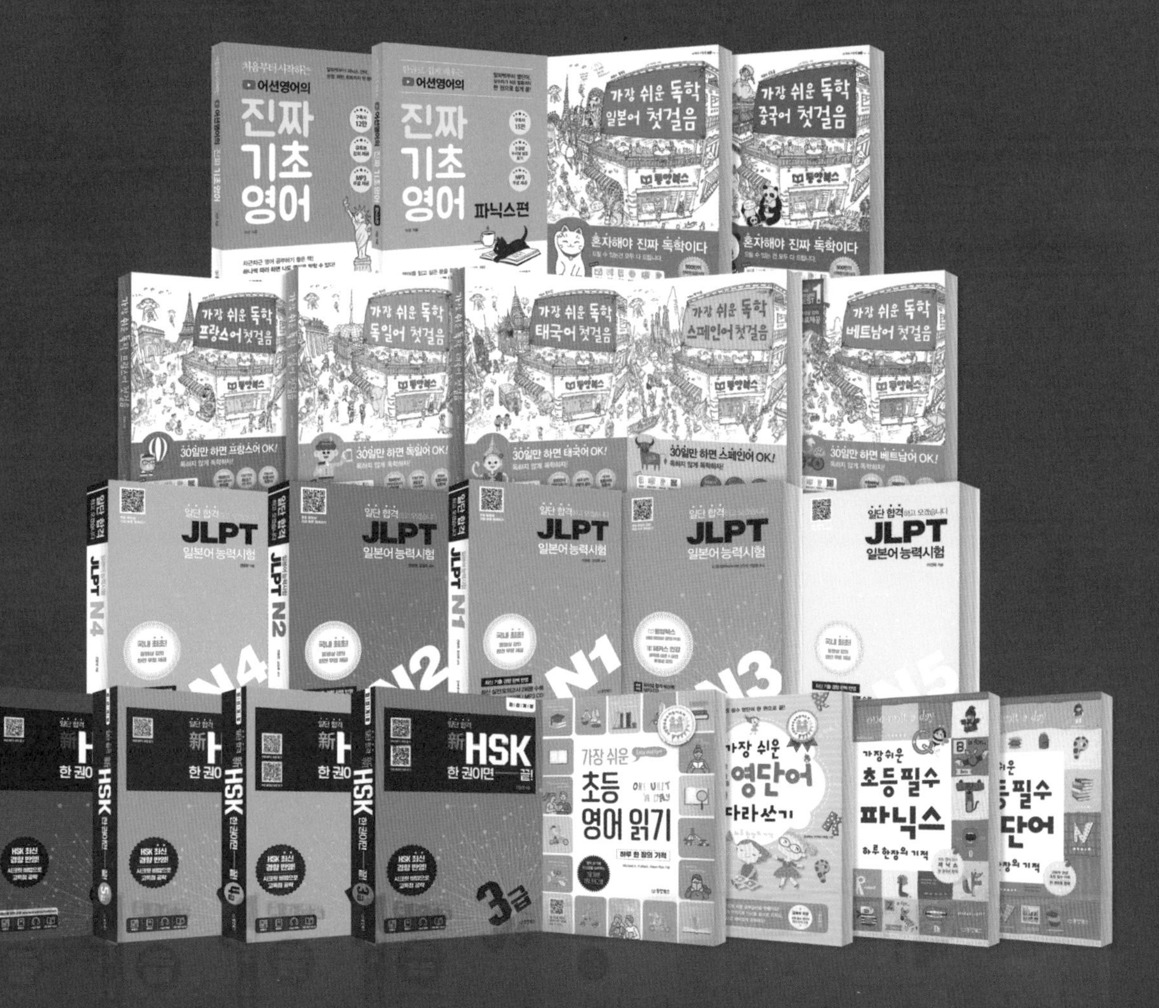
어션영어의 진짜 기초 영어
어션영어의 진짜 기초 영어 파닉스편
가장 쉬운 독학 일본어 첫걸음
가장 쉬운 독학 중국어 첫걸음
혼자해야 진짜 독학이다
가장 쉬운 독학 프랑스어 첫걸음
가장 쉬운 독학 독일어 첫걸음
가장 쉬운 독학 태국어 첫걸음
가장 쉬운 독학 스페인어 첫걸음
가장 쉬운 독학 베트남어 첫걸음
30일만 하면 프랑스어 OK!
30일만 하면 독일어 OK!
30일만 하면 태국어 OK!
30일만 하면 스페인어 OK!
30일만 하면 베트남어 OK!
JLPT 일본어 능력시험
新HSK 한 권이면 끝!
가장 쉬운 초등 영어 읽기
하루 한 장의 기적
가장 쉬운 초등 필수 파닉스

새로운 도서, 다양한 자료 동양북스 홈페이지에서 만나보세요!

www.dongyangbooks.com
m.dongyangbooks.com

※ 학습자료 및 MP3 제공 여부는 도서마다 상이하므로 확인 후 이용 바랍니다.

홈페이지 도서 자료실에서 학습자료 및 MP3 무료 다운로드

PC

❶ 홈페이지 접속 후 도서 자료실 클릭
❷ 하단 검색 창에 검색어 입력
❸ MP3, 정답과 해설, 부가자료 등 첨부파일 다운로드
* 원하는 자료가 없는 경우 '요청하기' 클릭!

MOBILE

* 반드시 '인터넷, Safari, Chrome' App을 이용하여 홈페이지에 접속해주세요. (네이버, 다음 App 이용 시 첨부파일의 확장자명이 변경되어 저장되는 오류가 발생할 수 있습니다.)

❶ 홈페이지 접속 후 ☰ 터치

❷ 도서 자료실 터치

❸ 하단 검색창에 검색어 입력
❹ MP3, 정답과 해설, 부가자료 등 첨부파일 다운로드
* 압축 해제 방법은 '다운로드 Tip' 참고

가장 쉬운
스페인어 첫걸음의 모든 것

동양북스

CAPÍTULO 1
문법편

1. 인칭대명사
2. 동사 (현재형)

이 책의 반대편에서 시작되는 회화편의 처음 부분에 있는 준비과정(발음, 명사, 관사)을 학습한 후에 문법편의 학습을 시작하세요.

1. 인칭대명사

나, 당신, 그 (남자), 그녀 등 사람을 지칭하는 말들을 인칭대명사라고 한다.

1. yo 나는	nosotros 우리는
2. tú 너는	vosotros 너희들은
3. él, ella, usted 그는, 그녀는, 당신은	ellos, ellas, ustedes 그들은, 그녀들은, 당신들은

① yo[요] 1인칭 단수 '나'를 뜻한다.

② tú[뚜] '너'를 뜻하지만 친구 외에 부모와 자식 관계 같은 친밀한 경우에도 사용한다.

③ él[엘] / ella[에야] 영어의 he / she에 해당한다.

④ usted[우스뗃] '당신'을 뜻한다. 약자로 Ud.혹은 Vd.이며 문법적으로는 3인칭에 속한다.

⑤ nosotros[노소뜨로스] '우리'를 뜻하는 1인칭 복수형으로 여자만 있는 경우는 nosotras 이고 남녀가 섞인 경우는 남성형을 사용한다.

⑥ vosotros[보소뜨로스] '너희들'을 뜻하며 친밀하거나 편안한 사이에 사용하며 중남미에서는 이를 사용하지 않고 ustedes를 사용한다. 여자들만 있는 경우는 vosotras가 된다.

⑦ ellos[에요스] / ellas[에야스] / ustedes[우스떼데스]는 각각 '그들, 그녀들, 당신들'을 뜻하며 ustedes는 약자로 Uds. 혹은 Vds.이고 발음은 똑같이 한다.

2. 동사 (현재형)

스페인어 동사는 ar, er, ir 어미로 끝나는 세 가지가 있다. 보통 우리가 말하는 동사의 현재형은 직설법 현재형이라고 부른다.

~ar	cantar 노래하다 hablar 말하다 estudiar 공부하다 trabajar 일하다 comprar 사다
~er	comer 먹다 comprender 이해하다 beber 마시다 vender 팔다 ver 보다
~ir	escribir 쓰다 vivir 살다 recibir 받다 compartir 공유하다 partir 떠나다 abrir 열다

각각의 동사형은 인칭대명사에 따라 어미가 변화한다.

① - ar로 끝나는 동사의 변화

cantar 노래하다

1. yo	canto	nosotros	cantamos
2. tú	cantas	vosotros	cantáis
3. él, ella, usted	canta	ellos, ellas, ustedes	cantan

hablar	hablo hablas habla hablamos habláis hablan
estudiar	estudio estudias estudia estudiamos estudiáis estudian

Yo canto una canción. 나는 하나의 노래를 부른다.

Ella habla francés. 그녀는 불어를 말합니다.

Nosotros cantamos una canción. 우리는 노래 하나를 부른다.

Pedro estudia inglés. 뻬드로는 영어를 공부한다.

Ellos trabajan en un hospital. 그들은 한 병원에서 일한다.

Yo compro flores. 나는 꽃들을 산다.

더 말해줄게…

una 하나의 (여성형 부정관사) | **canción**(f) 노래 | **francés** 불어 | **inglés** 영어 | **un** 하나의 (남성형 부정관사) | **hospital**(m) 병원 | **flor**(f) 꽃 | **flores** 꽃들

(m) = 남성명사, (f) = 여성명사, (Esp) = 스페인, (AmL) = 중남미

② - er로 끝나는 동사의 변화

beber 마시다

1. bebo	bebemos
2. bebes	bebéis
3. bebe	beben

comer 먹다	como	comes	come	comemos	coméis	comen
vender 팔다	vendo	vendes	vende	vendemos	vendéis	venden

Yo bebo agua. 나는 물을 마신다.

Él come pan. 그는 빵을 먹는다.

Antonio vende libros. 안또니오는 책들을 판다.

더 말해줄게…

agua 물 | **pan** 빵 | **libro** 책 | **libros** 책들

명사를 복수형으로 만들 때 보통 모음으로 끝난 경우 s 첨가, 자음으로 끝나면 es를 첨가한다.
libro → libros / flor → flores

③ - ir로 끝나는 동사의 변화

escribir 쓰다, 편지하다

1. escribo	escribimos
2. escribes	escribís
3. escribe	escriben

vivir 살다	vivo vives vive vivimos vivís viven
abrir 열다	abro abres abre abrimos abrís abren

Yo escribo una carta. 나는 한 통의 편지를 쓴다.

Carmen y María viven en Chile. 까르멘과 마리아는 칠레에서 산다.

Ella abre la ventana. 그녀는 창문을 연다.

더 말해줄게…

carta 편지 | **y** [이] 그리고 | **en** ~에서 | **la** 여성형 정관사 (the) | **ventana** 창문

단어에 찍혀 있는 강세부호는 철자와 같은 것이니 빼먹지 말고 꼭 표시해야 한다.

연습문제

다음 동사를 알맞게 바꾸어 밑줄에 넣으세요.

1. pintar 그리다
   Juan __________ un cuadro. = 환이 하나의 그림을 그립니다.

2. pasear por ~를 산책하다
   Ella __________ por el parque. = 그녀는 공원을 산책합니다.

3. desear 원하다
   ¿Qué __________ Ud.? = 무엇을 당신은 원하십니까? (무엇을 드릴까요?)
   * qué[께] = 영어 what

4. correr 뛰다
   El muchacho __________. = 그 소년이 뛴다.

5. leer 읽다
   Yo ________ el periódico por la mañana. = 저는 오전에 신문을 읽습니다.
   * por la mañana = 오전에 (in the morning)

연습문제

6. tocar 연주하다

Vosotros __________ la guitarra. = 너희들은 기타를 연주하는구나.

* guitarra [기따ㄹ라]

7. beber 마시다

Juan y yo __________ cerveza en un bar.

= 환과 나 우리는 어느 바에서 맥주를 마신다.

8. nadar 수영하다

El chico y tú __________ en la piscina.

= 그 남자애와 너는 수영장에서 수영을 하는구나.

1 정답 ① pinta ② pasea ③ desea ④ corre ⑤ leo ⑥ tocáis ⑦ bebemos ⑧ nadáis

※ 8번 답은 중남미에서는 vosotros 용법이 없고 Uds.로 맞추기에 nadan이다.

1. 문장의 종류

① 평서문

주어의 위치는 상당히 자유로와 문미에 오기도 한다. 보통 문두에 오지만 생략할 수 있다.

Yo canto una canción. 나는 노래 하나를 부릅니다.

También hablamos inglés. 우리는 영어도 말합니다.

El señor López bebe café en el bar. 로뻬쓰 씨가 바에서 커피를 마신다.

Juan escribe una carta con una pluma. 환이 펜을 가지고 한 통의 편지를 쓴다.

Luis comparte un piso con Ramón. 루이스는 라몬과 아파트를 함께 사용하고 있다.

더 말해줄게…

también 또한 | **señor** ~씨 | **pluma** 펜 | **compartir** 함께하다 | **piso** 아파트, 층 | **con** ~가지고

también 같은 부사의 위치는 상당히 자유로와 상황에 따라 문장의 여러 곳에 위치할 수 있다.

② 의문문

의문문은 주어와 동사의 위치가 바뀌어 동사가 앞에 위치하며 의문사는 문두에 위치한다.

¿Habla Ud. español? 당신은 스페인어를 말하시나요?

Sí, hablo muy poco. 네, 아주 조금 해요.

¿Qué bebe el médico? 의사가 무엇을 마시나요?

Él bebe agua. 그는 물을 마시네요.

¿Quién abre la ventana? 누가 창문을 여나요?

¿Vende Ud. libros en la librería? 당신은 그 서점에서 책들을 파시나요?

더 말해줄게…

español 스페인어 | **sí** 네 | **muy** 매우, 아주 | **muy poco** 아주 조금 * poco는 영어의 little, few에 해당 | **qué** [께] 무엇 | **quién** [끼엔] 누구 | **librería** 서점 | **biblioteca** 도서관

* 평서문을 의문문으로 사용하기도한다.

③ 부정문

동사 앞에 no를 사용하면 부정문이 된다.

Ellos no trabajan en la oficina. 그들은 그 사무실에서 일하지 않습니다.

¿Habla Juan francés o alemán? 환은 불어를 말하나요 아니면 독일어를 말하나요?

Él no habla francés. Habla alemán. 그는 불어를 말하지 않아요. 독일어를 말해요.

Las secretarias no compran caramelos. 비서들이 사탕들을 사지 않습니다.

La niña no come helados en la escuela. 그 여자애는 학교에서 아이스크림을 먹지 않는다.

El médico no vive aquí. 그 의사는 여기에 살지 않는다.

더 말해줄게…

alemán 독일어, 독일 남자 | **o** 혹은 | **caramelo** 사탕 | **helado** 아이스크림 | **niño** 남자애 | **niña** 여자애 | **escuela** 학교 | **médico** 의사 | **aquí** [아끼] 여기에

④ 기타 여러 의문문

Ella estudia mucho, ¿verdad? 그녀는 공부를 열심히 한다, 그렇지?

El niño siempre ve la televisión, ¿no? 그 아이는 항상 텔레비전을 본다, 안 그러니?

José siempre canta y baila, ¿y tú? 호세는 항상 노래하고 춤춘다, 너는 어때?

¿No escucha Felipe la radio en casa? 펠리페는 집에서 라디오를 듣지 않니?

더 말해줄게…

verdad 사실, 진실 | **mucho** 많이 (much), 많은 (many) | **ver** 보다 (현재형은 다음과 같다. veo ves ve vemos veis ven) | **y** [이] 그리고 | **siempre** 항상 | **la radio** 라디오

스페인어 부가 의문문은 verdad, no 등을 사용한다.

2. ser와 estar 동사

두 동사는 불규칙 동사이므로 따로 암기해야 한다.

① ser '~이다'란 뜻으로, 주어의 인칭에 따라 다음과 같이 변화한다.

yo	soy	nosotros	somos
tú	eres	vosotros	sois
él, ella, Ud.	es	ellos, ellas, Uds.	son

Yo soy estudiante. 나는 학생입니다.

Ignacio es muy alto. 이그나시오는 매우 키가 크다.

Ella es peluquera. 그녀는 미용사입니다.

Somos estudiantes de español. 우리는 스페인어를 공부하는 학생들입니다.

Este arquitecto es honrado y simpático. 이 건축가는 정직하고 호감이 가는 사람이다.

El edificio es un poco pequeño. 그 빌딩은 조금 작습니다.

더 말해줄게…

estudiante 학생 | **alto** 키가 큰 | **peluquera** 미용사 | **este** 이 | **arquitecto** 건축가 | **honrado** 정직한 | **simpático** 호감이 가는(nice, friendly) | **un poco** 조금 | **pequeño** 작은

② estar 동사 (상태가 ~ 하다, ~가 ~에 있다)

yo	estoy	nosotros	estamos
tú	estás	vosotros	estáis
él, ella, Ud.	está	ellos, ellas, Uds.	están

Estoy cansado. 나는 피곤합니다.

Juan está resfriado. 환은 감기에 걸렸습니다.

¿Cómo estás (tú)? (너는) 어떻게 지내니?

Estoy bien, gracias. ¿Y tú? 잘 지내, 고마워. 그리고 너는?

Los maestros están en la zapatería. 선생님들은 구두 가게에 계신다.

La ambulancia está delante del hospital. 구급차는 병원 앞에 있다.

El cine está al lado del banco. 영화관은 은행 옆에 있다.

더 말해줄게…

cansado 피곤한 | **resfriado** 감기에 걸린 | **bien** 좋게 | **gracias** 고맙습니다 | **maestro** (초등학교) 선생님, 스승 | **zapatería** 구두 가게 | **delante de** ~앞에 | **de** ~의, ~로부터 | **lado** 옆 | **al lado de** ~의 옆에 | **cine** 영화관 | **banco** 은행, 벤치

전치사 de, a는 뒤에 남성정관사가 오면 축약형을 사용한다.

de + el hospital → del hospital / a + el lado → al lado

연습문제

1 **다음을 스페인어로 작문하세요.**

① 나는 영어와 스페인어를 말합니다.

② 마리아는 집에서 스페인어를 공부하지 않습니다.

③ 안또니오가 의사입니까?

④ 당신은 어떻게 지내십니까?

⑤ 너는 집에서 TV를 안 보니?

1 정답 ① Hablo inglés y español. ② María no estudia español en casa. ③ ¿Es Antonio médico? ④ ¿Cómo está usted? ⑤ ¿No ves la televisión en casa?

연습문제

2 다음 문장의 밑줄에 ser, estar 동사의 알맞은 동사형태를 넣으세요.

① Él ____________ médico.

② El médico ____________ resfriado.

③ La casa de Antonio ____________ aquí.

④ Los estudiantes ____________ muy bien.

⑤ Ellas ____________ estudiantes.

2 정답 ① es ② está ③ está ④ están ⑤ son

1. 형용사
2. 불규칙 동사(1)

1. 형용사

① 성의 변화

ser, estar 동사의 보어로 쓰이는 형용사는 주어의 성에 따라 형용사도 남, 여 형태를 취한다.

Pedro es simpático. 뻬드로는 호감이 가는 사람이다.

María es simpática. 마리아는 호감이 가는 사람이다.

El camarero es alto. 웨이터는 키가 크다.

La camarera es alta. 여종업원은 키가 크다.

El profesor está cansado. 선생님은 피곤한 상태이다.

La secretaria está cansada. 비서는 피곤한 상태이다.

Ella está resfriada. 그녀는 감기에 걸려 있다.

La habitación está desordenada. 방은 어지럽혀진 상태이다.

더 말해줄게…

resfriado 감기에 걸린 | **habitación**(f) 방 | **desordenado** 어지럽혀진

② 수의 변화

주어가 복수인 경우 보어로 쓰인 형용사도 복수 형태를 취한다.

Los perros son malos. 개들이 나쁘다.

Antonio y Miguel son delgados. 안또니오와 미겔은 말랐다.

Estamos resfriados. 우리는 감기에 걸려 있다.

Los camareros están cansados. 웨이터들은 피곤한 상태이다.

Los libros son nuevos. 책들은 새것이다.

더 말해줄게…

perro 개 | **Miguel** [미겔] 남자 이름 | **delgado** 마른 | **nuevo** 새로운

③ 성수 변화

주어가 여성 복수인 경우 보어로 쓰인 형용사가 여성 복수형을 취한다. 이를 성수일치라고 하며 실제 회화 시 문법에 맞게 쉽게 말이 나오지 않지만 조금씩 공부하다 보면 자연스럽게 익숙해진다.

Las chicas son bonitas. 그 여자애들은 예쁘다.

Las alumnas son muy altas. 그 여학생들은 매우 키가 크다.

Nosotras estamos un poco cansadas. 우리(여자)들은 조금 피곤한 상태입니다.

María y Carmen están cómodas. 마리아와 까르멘은 편안한 상태이다.

Las ventanas están cerradas. 창문들은 닫혀 있다.

Las puertas están abiertas. 문들은 열려 있다.

Las calles son estrechas. 거리들은 폭이 좁다.

*Juan y Carmen son guapos. 환과 까르멘은 잘생겼다.

더 말해줄게…

bonito 예쁜 | **chica** 여자애 | **alumna** 여학생 | **cómodo** 편안한 | **ventana** 창문 | **cerrado** 닫힌 | **puerta** 문 | **abierto** 열린 | **calle**(f) 거리 | **estrecho** 폭이 좁은 | **guapo** 잘생긴

* 위의 마지막 문장에서 주어가 남녀 동시에 오는 경우 남성 형용사 복수형을 사용한다.

④ 형용사의 위치

스페인어에서는 명사를 수식할 때 형용사가 대체로 명사 뒤에 오는 편이며 수식되는 명사의 성수에 따라 형용사도 성수변화를 한다.

un plato blanco	하얀 접시	la Casa Blanca	백악관

명사가 이미 형용사의 속성을 갖고 있는 경우는 형용사가 앞에 온다.

blanca nieve(f)	흰 눈	dulce miel(f)	단 꿀

일부 형용사는 뒤에 단수 남성명사가 오면 어미 o가 탈락하며 형용사 grande는 뒤에 남, 여 단수 명사가 오면 de가 탈락한다.

bueno	좋은	malo	나쁜
alguno	어떤	grande	큰, 위대한
primero	첫 번째의	tercero	세 번째의

un buen estudiante 좋은 학생

una buena muchacha 좋은 소녀

algún día 언젠가 (someday)

un gran pintor 한 위대한 화가

una gran pintora 한 위대한 여류화가

형용사의 위치 변화 시 뜻의 차이가 없기도 하지만 예외도 있다.

* interesante, inteligente, azul(푸른), joven(젊은) 등의 형용사는 성의 구분 없이 수 변화만 한다.

un amigo viejo	늙은 친구	un hombre pobre	가난한 남자
un viejo amigo	오랜 친구	un pobre hombre	불쌍한 남자
un gran hombre	위대한 남자	una casa nueva	(새로 지은) 새 집
un hombre grande	커다란 남자	una nueva casa	(옮긴) 새 집

2. 불규칙 동사 현재형

불규칙 동사는 규칙 동사와 달리 어미 (ar, er, ir)뿐만 아니라 어간도 바뀐다. 불규칙 동사도 규칙성을 가지고 있다. 일단 큰 소리로 읽어 보면서 친숙해지면 불규칙 속의 규칙성에 대한 감각이 생긴다.

① -ar 동사

empezar 시작하다

yo	empiezo	nosotros	empezamos
tú	empiezas	vosotros	empezáis
él, ella, Ud.	empieza	ellos, ellas, Uds.	empiezan

이와 같은 형태로 변화하는 동사들은 다음과 같다.

cerrar 닫다	cierro cierras cierra cerramos cerráis cierran
comenzar 시작하다	comienzo comienzas comienza comenzamos comenzáis comienzan

Pedro cierra la puerta de golpe. 뻬드로는 문을 쾅 닫는다.

La clase de francés termina a mediodía. 불어 수업은 정오에 끝납니다.

¿A qué hora comienza la corrida de toros? 몇 시에 투우가 시작되나요?

La carrera de caballos empieza ahora. 경마가 지금 시작해요.

더 말해줄게…

de golpe 별안간 | **terminar** 끝내다, 끝나다 (규칙 동사임) | **a mediodía** 정오에 | **a qué hora** 몇 시에 | **corrida de toros** 투우 | **carrera** 경주 | **caballo** 말 | **ahora** 지금

② -er 동사

querer 원하다, ~ 하고 싶다, 사랑하다

yo	quiero	nosotros	queremos
tú	quieres	vosotros	queréis
él, ella, Ud.	quiere	ellos, ellas, Uds.	quieren

이와 같은 형태로 변화하는 동사들은 다음과 같다.

entender 이해하다	entiendo entiendes entiende entendemos entendéis entienden
perder 잃다	pierdo pierdes pierde perdemos perdéis pierden

Queremos comprar flores. 우리는 꽃들을 사고 싶습니다.

¿Quieres una cerveza? 너는 맥주를 원하니?

¿Quiere Isabel un periódico? 이사벨이 신문을 하나 원하나요?

¿Qué quieres comprar? 무엇을 사고 싶니 너는?

Yo quiero comprar un disco compacto. 나는 CD를 하나 사고 싶다.

Ella entiende francés. 그녀는 불어를 이해한다.

③ -ir 동사

preferir 선호하다

yo	prefiero	nosotros	preferimos
tú	prefieres	vosotros	preferís
él, ella, Ud.	prefiere	ellos, ellas, Uds.	prefieren

이와 같은 형태로 변화하는 동사들은 다음과 같다.

mentir 거짓말하다	miento mientes miente mentimos mentís mienten
sentir 느끼다, 유감이다	siento sientes siente sentimos sentís sienten

¿Qué estación prefieres tú? 무슨 계절을 선호하니?

Prefiero el invierno. 나는 겨울을 선호해.

primavera 봄 verano 여름 otoño 가을 invierno 겨울 * infierno 지옥 (철자에 주의!)

연습문제

1 다음 밑줄 친 곳에 알맞은 형용사 형태를 쓰세요.

① El profesor es ______________. (alto 키가 큰, 높은)

② Las secretarias son ______________. (bajo 키가 작은, 낮은)

③ Los médicos son ______________. (gordo 뚱뚱한)

④ La mesa está ______________. (sucio 더러운) * mesa 테이블

⑤ Las ventanas están ______________. (abierto 열린)

1 정답 ① alto ② bajas ③ gordos ④ sucia ⑤ abiertas

연습문제

2 다음을 스페인어로 작문하세요.

① 몇 시에 스페인어 수업이 시작하나요?

____

② 불어 수업은 정오에 시작합니다.

____

③ 환은 무엇을 사고 싶어 하나요?

____

④ 그는 꽃들을 사고 싶어 한다.

____

⑤ 당신은 무슨 계절을 선호하시나요?

____

2 정답 ① ¿A qué hora empieza(comienza) la clase de español? ② La clase de francés empieza a mediodía. ③ ¿Qué quiere Juan comprar? ④ Él quiere comprar flores. ⑤ ¿Qué estación prefiere usted?

1. 불규칙 동사 (2)
2. 부사
3. 미래표현

1. 불규칙 동사 (2)

기본적으로 많이 쓰이는 동사들은 불규칙 변화를 한다. 이미 언급했듯이 큰 소리로 반복해 읽으면서 입에 익도록 하면 어느 순간 동사들의 불규칙 변화 유형을 감지하게 되니 동사 변화에 대한 괜한 부담을 버리자. 다음의 기본동사 변화형에 숙달되면 기본 의사소통은 물론 많은 표현을 만들어 낼 수 있다.

① tener 가지고 있다

yo	tengo	nosotros	tenemos
tú	tienes	vosotros	tenéis
él, ella, Ud.	tiene	ellos, ellas, Uds.	tienen

Tengo una bicicleta. 나는 자전거 한 대를 가지고 있다.

Alberto tiene hambre. 알베르또는 배고파 한다.

Tenemos calor. 우리는 덥습니다.

Los niños tienen mucho frío. 아이들이 무척 추워한다.

Ella no tiene dinero. 그녀는 돈이 없다.

Yo tengo un gato, ¿y Ana? 나는 고양이 한 마리를 갖고 있는데, 아나는?

Ella también tiene un gato. 그녀도 고양이 한 마리를 갖고 있어.

¿Tienes novia? 너는 (여자) 애인이 있니?

더 말해줄게…

hambre 배고픔 | **calor** 더위 | **mucho** 많은, 많이 | **frío** 추위, 차가운 | **dinero** 돈 | **gato** 고양이 | **novia** (여자) 애인, 신부

② hacer 하다, 만들다

yo	hago	nosotros	hacemos
tú	haces	vosotros	hacéis
él, ella, Ud.	hace	ellos, ellas, Uds.	hacen

Hago la comida a mediodía. 나는 정오에 점심을 만든다.

¿Cuándo haces los deberes? 너는 언제 숙제를 하니?

María hace ejercicio todos los días. 마리아는 매일 운동을 합니다.

더 말해줄게…

comida 음식, 점심 | **a mediodía** 정오에 | **cuándo** 언제 (when) | **los deberes**(pl) 숙제 | **ejercicio** 운동 | **todo** 모든 (일) | **día**(m) 날 | **todos los días** 매일 ※ 중남미에서 점심을 almuerzo라고 한다.

③ 가장 많이 사용하는 불규칙 동사 10개

tener 가지고 있다	tengo tienes tiene tenemos tenéis tienen
hacer 하다, 만들다	hago haces hace hacemos hacéis hacen
poner 놓다	pongo pones pone ponemos ponéis ponen
salir 나가다, 출발하다	salgo sales sale salimos salís salen
decir 말하다	digo dices dice decimos decís dicen
dar 주다	doy das da damos dais dan
ver 보다	veo ves ve vemos veis ven
volver 돌아오다	vuelvo vuelves vuelve volvemos volvéis vuelven
poder 할 수 있다	puedo puedes puede podemos podéis pueden
ir 가다	voy vas va vamos vais van
venir 오다	vengo vienes viene venimos venís vienen

※ 말하다 : hablar 동사는 영어의 talk, speak에 해당하고 decir는 say, tell에 해당한다.

Bárbara pone una botella sobre la mesa. 바르바라는 병 하나를 테이블 위에 놓는다.

Ponen una película conmovedora en el cine. 그 영화관에서 감동적인 영화를 상영해.

¿A qué hora sale el avión para Alemania? 독일행 비행기는 몇 시에 출발해요?

Ella sale de casa a mediodía. 그 여자는 정오에 집에서 나간다.

Queremos ver una obra de teatro este viernes. 우리는 이번 금요일에 연극을 한 편 보고 싶어.

La Sra. Gómez vuelve a casa a medianoche. 고메스 부인은 자정에 집에 돌아간다.

Disculpe, ¿puedo fumar? 실례해요, 담배를 좀 피울 수 있나요?

¿A dónde vas (tú)? 어디 가니?

Voy a la escuela. 학교에 간다.

Juan y la Srta. López vienen del supermercado. 환과 로뻬스 양은 수퍼마켓에서 온다.

더 말해줄게…

botella 병 | **sobre** ~위에 | **película** 영화 | **conmovedor/ra** 감동적인 | **avión**(m) 비행기 | **para** ~위한, ~향하여 | **Alemania** 독일 | **obra** 작품 | **teatro** 연극, 극장 | **viernes** 금요일 | **a medianoche** 자정에 | **disculpe** 실례해요(excuse me) | **fumar** 담배 피우다 | **a** ~로 (to) | **dónde** 어디에 | **escuela** 학교 | **mercado** 시장

1. 상기 두 번째 문장에서 3인칭 복수형 ponen은 '(사람들, 관계자들이) ~한다'라는 뜻으로 영화관 직원들이 상영한다고 보면 된다.
2. 다음은 약자에 대한 것이다. 발음은 동일하다. * 호칭인 경우에는 관사 생략

   el señor Kim = el Sr. Kim

   la señora González = la Sra. González

   la señorita Gómez = la Srta. Gómez

   los señores Kim = los Sres. Kim = 김 씨 부부

2. 부사

① 형용사 뒤에 **mente**를 붙이면 부사가 된다.
o로 끝난 형용사는 **a**로 바뀐다.

frecuente	빈번한	frecuentemente	종종
económico	경제의	económicamente	경제적으로
lento	느린	lentamente	느리게
rápido	빠른, 빨리	rápidamente	빨리

② 부사가 연속될 시 **mente**는 뒤에 한 번만 사용한다.
o로 끝난 형용사는 **a**로 바뀐다.

ágil y exactamente	날쌔고 정확하게
política y económicamente	정치 · 경제적으로

더 말해줄게…

ágil 날쌘 | **exacto** 정확한 | **político** 정치의, 정치가 ※ la política 정치, 정책

3. 미래표현

ir 현재형 + a + inf.의 형태를 취한다. 영어의 be going to inf.에 해당하는 표현이다.

Voy a estudiar español. 나는 스페인어를 공부할 것이다.

¿Qué vas a hacer? 너는 무엇을 할 것이니?

Voy a leer el periódico. 나는 신문을 읽을 것이다.

¿Cuándo vas a recoger los papeles? 언제 서류를 챙겨 놓을 거야?

Vamos a nadar. 우리는 수영을 할 것입니다. / 수영하자.

더 말해줄게…

recoger 거두어들이다, 줍다 (pick up) | **papel**(m) 종이, 역할, 서류(pl)

연습문제

1 괄호 안의 동사를 문장에 맞게 변화시켜 넣으세요.

① ¿ _________ (tú) novia? (tener)

② Yo no _________ dinero. (tener)

③ ¿Qué _________ (tú) aquí? (hacer)

④ José _________ la televisión en el cuarto de estar. (ver)

* cuarto de estar 거실

⑤ ¿ A qué hora _________ el tren para Seúl? (salir)

1 정답 ① tienes ② tengo ③ haces ④ ve ⑤ sale

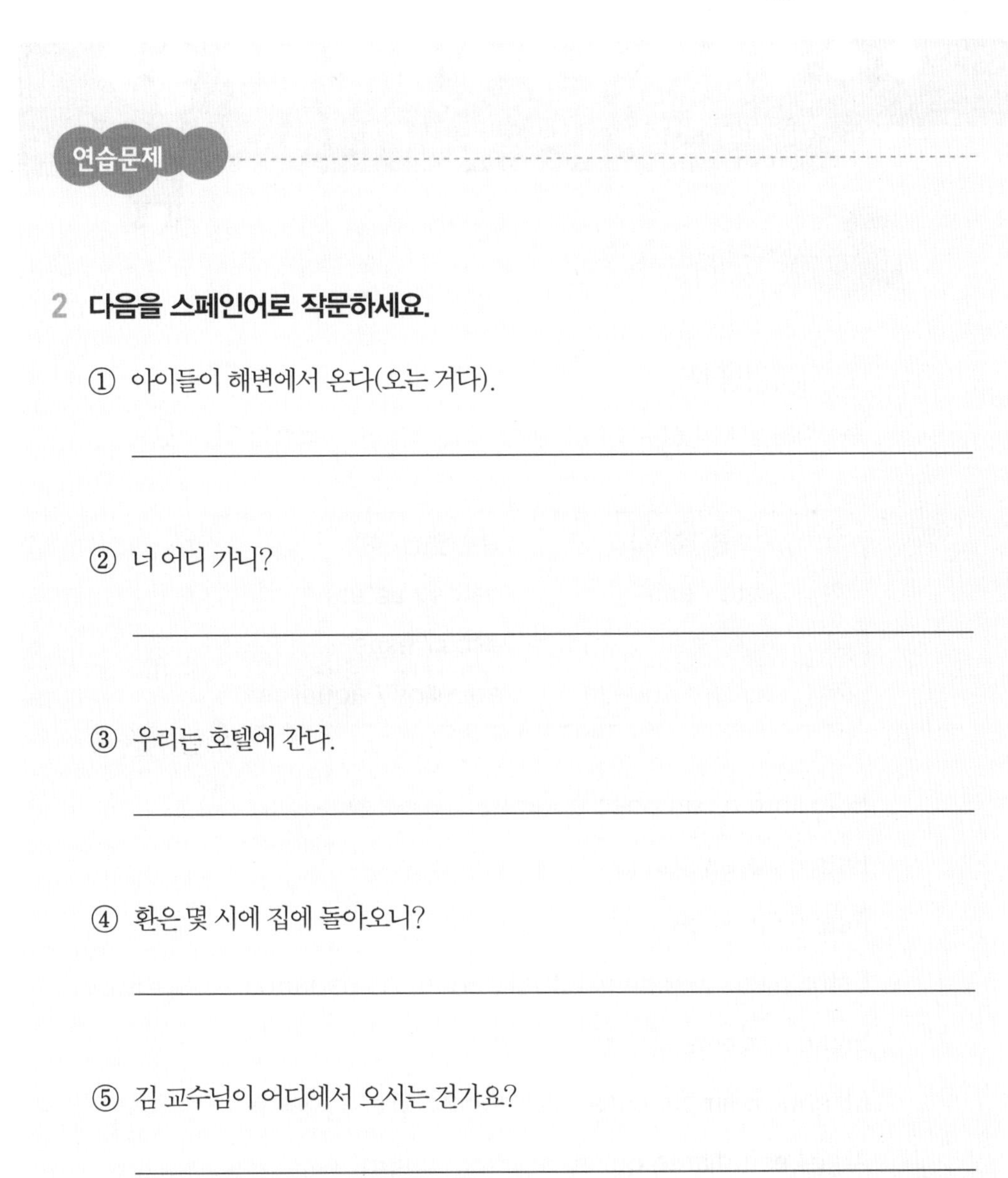

연습문제

2 다음을 스페인어로 작문하세요.

① 아이들이 해변에서 온다(오는 거다).

____

② 너 어디 가니?

____

③ 우리는 호텔에 간다.

____

④ 환은 몇 시에 집에 돌아오니?

____

⑤ 김 교수님이 어디에서 오시는 건가요?

____

2 정답 ① Los niños vienen de la playa. ② ¿A dónde vas (tú)? ③ Vamos al hotel. ④ ¿A qué hora vuelve(regresa) Juan a casa? ⑤ ¿De dónde viene el profesor Kim?

1. 지시사
2. 수사

1. 지시사

① 지시형용사

수식되는 명사의 성수에 따라 남성 · 여성 및 단수 · 복수가 각각 있다.

	단수형 (남/ 여)	복수형 (남/ 여)
이	este / esta	estos / estas
그	ese / esa	esos / esas
저	aquel / aquella	aquellos / aquellas

Este libro es un poco aburrido. 이 책은 조금 지루하다.

Esta casa es bonita y alta. 이 집은 예쁘고 높구나.

Este niño es chistoso. 이 아이는 익살맞다.

Estos niños juegan al fútbol (todos) los sábados. 이 아이들은 토요일마다 축구를 한다.

Esa mesa está sucia. 그 테이블은 더러운 상태다.

Mi abuelo limpia esas sillas todo el día. 나의 할아버지는 하루 종일 그 의자들을 청소한다.

Aquel estudiante quiere ahorrar tiempo. 저 남학생은 시간을 아끼고 싶어 한다.

Aquellos alumnos estudian chino en una academia particular.
저 학생들은 한 사설학원에서 중국어를 공부한다.

Aquella enfermera odia el queso y la mantequilla. 저 간호사는 치즈와 버터를 싫어해.

Aquel cocinero siempre saca un pollo del horno a mediodía.
저 요리사는 항상 정오에 오븐에서 치킨을 한 마리 꺼낸다.

¿De quién es esta bicicleta? Es de Juan. 이 자전거는 누구의 것이니? 환의 것이다.

¿Para quién es este billete? Es para ella. 이 티켓은 누구를 위한 거니? 그 여자 거야.

더 말해줄게…

aburrido 지루한 | **bonito** 예쁜 | **chistoso** 익살맞은 | **jugar** ~놀이를 하다 (play) (juego juegas juega jugamos jugáis juegan) | **jugar al fútbol** 축구하다 | **los sábados** 토요일마다 | **mesa** 테이블 | **sucio** 더러운 | **limpiar** 깨끗이 하다 | **abuelo** 할아버지 | **silla** 의자 ※ **sillón**(m) 안락의자 | **todo el día** 온종일 | **ahorrar** 절약/저축하다 | **tiempo** 시간, 날씨, 시절 | **chino** 중국어, 중국 남자, 중국의 | **academia particular** 사설학원 | **odiar** 싫어하다 | **queso** 치즈 | **mantequilla** 버터 | **cocinero** 요리사 | **sacar** 꺼내다, 인출하다, (표) 끊다, (사진) 찍다 | **pollo** 치킨 | **de** ~로부터, ~의 | **horno** 오븐 | **quién** 누구 (who) | **bicicleta** 자전거 | **billete**(m) 표, 지폐 ※표는 중남미에서 boleto라고도 한다.

② 지시대명사

지시대명사는 사람이나 사물을 지칭할 때 사용되며 지시형용사처럼 성수 구분을 한다.

	단수형 (남/ 여)	복수형 (남/ 여)
이 사람(사물)	este / esta	estos / estas
그 사람(사물)	ese / esa	esos / esas
저 사람(사물)	aquel / aquella	aquellos / aquellas

Este es Manuel. 이 남자는 마누엘입니다.

Esta es francesa. 이 여자분은 프랑스 사람입니다.

Aquel es José. 저 남자는 호세입니다.

Aquellos son maestros. 저들은 선생님들입니다.

Estas son solteras. 이 여자분들은 미혼입니다.

Este es mi bolso. 이것은 내 핸드백이야.

Aquella es tu camiseta. 저것은 너의 티셔츠다.

※ 2010년 스페인어 정자법 개편 전에 지시 대명사는 éste, ésta, aquél 처럼 강세 표시를 했습니다.

더 말해줄게…

francesa 프랑스 여자 | **maestro/a** 선생님 | **profesor/ra** 선생님, 교수 | **soltero/a** 미혼(의) | **casado/a** 기혼(의) | **bolso** 핸드백 | **camiseta** 티셔츠 | **camisa** 셔츠

미혼(싱글)이라고 말할 때 soy soltero 혹은 estoy soltero라고 한다.

③ 지시대명사 중성형

지시대명사에는 지칭 대상의 성 구별이 안 된 경우에 사용하는 중성형이 있다.

esto 이것, 이 일	eso 그것, 그 일	aquello 저것, 저 일

¿Qué es esto? 이것은 무엇이야? 이게 무슨 일이야?

¡Eso es! 바로 그거야!

¿Qué es aquello? 저것은 무엇입니까?

2. 수사

① 이번 과에서 배운 숫자는 향후 독해를 하면서 하나씩 나올 때마다 정확히 외우도록 한다.

기수

0	cero	11	once	21	veintiuno	31	treinta y uno
1	uno	12	doce	22	veintidós	32	treinta y dos
2	dos	13	trece	23	veintitrés	33	treinta y tres
3	tres	14	catorce	24	veinticuatro	40	cuarenta
4	cuatro	15	quince	25	veinticinco	50	cincuenta
5	cinco	16	dieciséis	26	veintiséis	60	sesenta
6	seis	17	diecisiete	27	veintisiete	70	setenta
7	siete	18	dieciocho	28	veintiocho	80	ochenta
8	ocho	19	diecinueve	29	veintinueve	90	noventa
9	nueve	20	veinte	30	treinta	100	cien
10	diez						

101	ciento uno	1.000	mil
102	ciento dos	1.001	mil uno
156	ciento cincuenta y seis	1.028	mil veintiocho
200	doscientos	2.000	dos mil
300	trescientos	2.006	dos mil seis
400	cuatrocientos	3.000	tres mil
500	quinientos	10.000	diez mil
600	seiscientos	1.000.000	un millón
700	setecientos	2억	doscientos millones
800	ochocientos	20억	dos mil millones
900	novecientos	300억	treinta mil millones
		1조	un billón

서수

primero	1º	octavo	8º
segundo	2º	noveno	9º
tercero	3º	décimo	10º
cuarto	4º	undécimo	11º
quinto	5º	duodécimo	12º
sexto	6º	decimotercero	13º
séptimo	7º	decimocuarto	14º

primero와 tercero는 뒤에 남성 단수가 오면 어미 o가 탈락한다.

la primera página 제 1 페이지

Ella vive en el primer piso. 그 여자는 1층에 산다.

Vivo en el tercer piso. 나는 3층에 산다.

더 말해줄게…

página 페이지 | **piso** 층, 아파트

② 용법

숫자 1과 21이 명사와 같이 사용되는 경우

un libro	한 권의 책
una silla	하나의 의자
veintiún adolescentes	21명의 청소년들
veintiuna oficinas	21개의 사무실들

숫자 100은 뒤에 자기보다 작은 수가 오면 **ciento**로 형태가 바뀌고 큰 수 단위나 명사가 오면 **–to**가 다시 탈락된다. 200 – 900은 뒤에 여성명사가 오면 성변화를 한다.

ciento dos	102
ciento un cuadernos	101권의 공책들
ciento una naranjas	101개의 오렌지들
cien mil juguetes	100,000개의 장난감들
cien libros	100권의 책들
quinientas habitaciones	500개의 방들
cientos de empresas pequeñas y medianas	수백 개의 중소기업들

더 말해줄게…

cuaderno 공책 | **naranja** 오렌지 | **juguete**(m) 장난감 | **habitación**(f) 방 | **habitaciones**(pl) 방들 | **empresa** 회사 | **pequeño** 작은 | **mediano** 중간 되는

숫자 천은 '수천 (개)의'라고 말할 때는 **es**를 붙인다.

mil	1,000
dos mil	2,000
mil ordenadores	1,000대의 컴퓨터들
dos mil ratones	2,000마리의 쥐들
miles de víctimas	수천 명의 희생자들

백만은 뒤에 바로 명사가 오면 de를 사용하고 계속 숫자가 나열되면 de를 쓰지 않는다.

un millón de soldados	백만 명의 군인들
dos millones de diseñadores web	이백만 명의 웹디자이너들
cien millones veintiuna casas	1억 21채의 집들

③ 달 (mes) / 날짜 (fecha) / 요일

달(월)

enero	1 월	julio	7 월
febrero	2 월	agosto	8 월
marzo	3 월	septiembre	9 월
abril	4 월	octubre	10 월
mayo	5 월	noviembre	11 월
junio	6 월	diciembre	12 월

날짜 묻기

¿Qué fecha es hoy? 오늘 며칠입니까?

Es dos de mayo. 5월 2일입니다.

¿A qué fecha estamos hoy? 오늘 날짜는 어떻게 되나요? (우리가 무슨 날짜에 있습니까?)

Estamos a diecisiete de diciembre. 12월 17일이에요.

Estamos a primero de febrero. 2월 1일입니다. *1일은 보통 서수를 사용하는데 스페인어에서는 uno를 많이 사용

Voy a Madrid el dos de abril. 나는 4월 2일에 마드리드에 간다.

요일 관련 표현은 다음과 같다.

el lunes	월요일(에)	los lunes	월요일마다
el martes	화요일(에)	los martes	화요일마다
el miércoles	수요일(에)	los miércoles	수요일마다
el jueves	목요일(에)	los jueves	목요일마다
el viernes	금요일(에)	los viernes	금요일마다
el sábado	토요일(에)	los sábados	토요일마다
el domingo	일요일(에)	los domingos	일요일마다

Yo voy a la iglesia los domingos. 나는 일요일마다 교회에 간다.

Este sábado voy al cine. 이번 토요일에 나는 영화관에 간다.

Ellos van a la piscina el lunes. 그들은 월요일에 수영장에 간다네.

¿Qué día (de la semana) es hoy? 오늘은 무슨 요일인가요?

Es jueves. 오늘은 목요일입니다.

Hasta el lunes. 월요일에 보자.

Hoy es viernes 27 de junio de 2014. 오늘은 2014년 6월 27일 금요일입니다.

En el año 2008(dos mil ocho). 2008년에.

④ 시간

시간 (hora)은 여성명사이므로 관사는 여성형을 사용한다. 30분은 영어의 half에 해당하는 medio의 여성형을 사용하고 15분은 quarter에 해당하는 cuarto를 사용한다. 2시부터 ser 복수형 son을 쓴다.

¿Qué hora es? 몇 시입니까?

Es la una. 1시입니다.

Es la una y cuarto. 1시 15분이에요.

Son las dos y cinco. 2시 5분입니다.

Son las tres y media. 3시 반이에요.

Son las siete de la mañana. 오전 7시예요.

Ella llega a casa a las siete de la tarde. 그녀는 오후 7시에 집에 도착합니다.

Es casi mediodía. 거의 정오입니다.

Son las diez menos diez. 10시 10분 전입니다.

¿A qué hora sales de casa? 몇 시에 너는 집에서 나가니?

Vuelvo a casa a las cuatro y cuarto. 나는 4시 15분에 집에 돌아와요.

더 말해줄게…

y 그리고 | **medio** 절반의 | **mañana** 오전, 내일 | **de la mañana** 오전의 * por la mañana 오전에 | **tarde**(f) 오후, 늦게 | **casi** 거의 | **mediodía** 정오 | **menos** 마이너스 | **más** 플러스 | **a qué hora** 몇시에

⑤ 분수

분수는 자체적으로 사용하는 것도 있고 분자는 기수, 분모는 서수를 사용한다.

1/2 = un medio * la mitad = 절반

1/4 = un cuarto

3/4 = tres cuartos

3분의 1 = un tercio

parte를 이용한다. * parte(f) = 부분

las tres cuartas partes de la población 인구의 3/4

⑥ 소수

보통 스페인어권에서는 우리와는 달리 소수점은 코마 (coma)를 사용하고 천 단위는 점 (punto)을 사용한다.

0,5	0.5
3,8	3.8
100.000	100,000 (십만)

* 100.000 = cien mil

⑦ 덧셈과 뺄셈

Uno más dos son tres	1 + 2 = 3
Dos y seis son ocho	2 + 6 = 8
Cuatro menos dos son dos	4 - 2 = 2
Tres menos dos es uno	3 - 2 = 1

연습문제

1 다음 숫자를 읽어보세요.

① 55

② 993

③ 14

④ 2009

⑤ 1492

2 다음을 스페인어로 바꾸세요.

① 저는 스물 한 살입니다. ______________________________

② 오백 개의 방들 ______________________________

③ 이 남학생은 키가 크다. ______________________________

④ 저 집은 새것이다. ______________________________

⑤ 이 책들은 재미있다. ______________________________

1 정답 ① cincuenta y cinco ② novecientos noventa y tres ③ catorce ④ dos mil nueve ⑤ mil cuatrocientos noventa y dos

2 정답 ① Tengo veintiún años * año는 영어 year ② quinientas habitaciones ③ Este estudiante(alumno) es alto. ④ Aquella casa es nueva. ⑤ Estos libros son interesantes.

1. 목적대명사
2. 소유사

1. 목적대명사

목적대명사는 동사의 앞에 위치하거나 동사원형 혹은 현재분사 뒤에 붙을 수도 있다.

① 간접 목적대명사 (~에게)

me	나에게	nos	우리에게
te	너에게	os	너희들에게
le	그에게, 그녀에게, 당신에게	les	그들에게, 그녀들에게, 당신들에게

Mis padres me regalan un reloj. 나의 부모님은 나에게 시계 하나를 선물하신다.

El doctor nos dice la verdad. 박사님이 우리에게 사실을 말하신다.

Carmen te quiere dar dos novelas. 까르멘은 너에게 두 권의 소설책을 주고 싶어한다.

Ella quiere dar<u>te</u> dos novelas. 그녀는 너에게 두 권의 소설책을 주고 싶어한다.

더 말해줄게…

padres 부모님 | **regalar** 선물하다 | **reloj**(m) 시계 | **decir** 말하다 (digo dices dice decimos decís dicen)

② 직접 목적대명사 (~를)

me	나를	nos	우리를
te	너를	os	너희들을
lo / la	그를, 그녀를, 당신을, 그것을	los / las	그들을, 그녀들을, 당신들을, 그것들을

Te quiero mucho. 널 사랑한다 무척.

¿Me amas? 나를 사랑하니?

Muchos alumnos lo respetan. 많은 학생들이 그를 존경합니다.

Ellos no lo pueden aceptar. 그들은 그를 받아들일 수 없다.

Ellos no pueden aceptarlo.

Quiero traducir este libro al coreano. 나는 이 책을 한국어로 번역하고 싶다.

Voy a traducirlo. 나는 그것을 번역할 것이다.

¿Dónde miras la televisión? 어디서 너는 TV를 보니?

La veo en el cuarto de estar. 나는 그것을 거실에서 본다.

¿Hacen los deberes los niños? 아이들이 숙제를 하나요?

Sí, ellos los hacen allí. 네, 그들은 그것들을 (숙제를) 저기서 해요

Nosotros las esperamos aquí. 우리는 그녀들을 여기서 기다린다.

더 말해줄게…

respetar 존경하다 | **poder** ~할 수 있다 | **aceptar** 받아들이다 | **traducir** 번역하다 | **al coreano** 한국어로 (into Korean) | **mirar** 바라보다, 보다(look) | **cuarto de estar** 거실 | **los deberes** 숙제 | **esperar** 기다리다, 바라다, 기대하다 | **aquí** 여기

③ le / les는 특히 스페인 쪽에서 남자를 지칭하면서 (그를, 당신을, 그들을, 당신들을) 직접 목적대명사로도 사용한다.

Yo lo amo. = Yo le amo. 나는 그를/당신을 사랑한다.

Lo saludamos. = Le saludamos. 우리는 그에게 인사합니다. * saludar (인사하다)가 타동사로 사용됨.

④ 두 목적대명사가 함께 오는 경우

간접 목적대명사가 직접 목적대명사보다 앞에 위치한다.

Ella me regala un abrigo. 그녀는 나에게 외투 한 벌을 선물한다.

Ella me lo regala. 그녀는 나에게 그것을 선물한다. (lo = abrigo)

Ella lo me regala. (x)

Juan me quiere prestar unas revistas. 환은 나에게 몇 권의 잡지들을 빌려주고 싶어한다.

Juan me las quiere regalar. 환은 나에게 그것들을 선물하고 싶어한다. (las = revistas)

더 말해줄게…

abrigo 외투 | **prestar** 빌려주다 | **revista** 잡지

3인칭 간-목과 3인칭 직-목이 동시에 오는 경우, 단복수 불문하고 간-목이 se로 바뀐다.

Yo le digo la verdad. 나는 그에게 사실을 말한다.

Yo se la digo. 나는 그에게 그것을 말한다.

Yo le la digo. (x)

Juan le da un libro. 환이 그에게 책을 한 권 준다.

Juan se lo da. 환은 그에게 그것을 준다.

Le queremos dar estos juguetes. 우리는 그에게 이 장난감들을 주고 싶다.

Se los queremos dar. 그에게 그것들을 주고싶다.

Le los queremos dar. (x)

⑤ 중복형

전치사 a는 사람이 목적격으로 놓이면 사용한다.

a + Pedro = 뻬드로에게, 뻬드로를

Ella odia a ese hombre. 그녀는 그 남자를 미워한다.

Ella escucha a Pedro. 그녀는 뻬드로가 하는 말을 듣고 있다.

Escucho la radio. 나는 라디오를 듣는다.

Visitamos a Carlos. 우리는 까를로스를 방문합니다.

Ella visita el museo. 그녀는 박물관을 방문한다.

그러나 '나에게 · 나를' '너에게 · 너를'이라고 말할 때는 인칭대명사가 변형된다.

중복형

a mí ← a yo (x)	a nosotros
a ti ← a tú (x)	a vosotros
a él / a ella / a Ud.	a ellos / a ellas / a Uds.

'나에게 · 나를' 등을 말할 때 ① ②에서 배운 목적대명사를 사용한다. 그러나 필요에 따라서 상기의 중복형을 다시 한 번 더 사용한다.

Ella me ama. 그녀는 나를 사랑한다.

Ella ama a mí. (x)

Quiero a María. 나는 마리아를 사랑해.

La quiero. 그녀를 사랑해.

La quiero (a ella). 그녀를 사랑해 (그녀를)

(A ella) la quiero. (그녀를) 그녀를 사랑해.

Quiero a ella. (x)

3인칭의 경우 누구인지 정확히 명시하기 위해 **문장의 종류**에 따라 다음과 같이 쓰기도 한다.

Yo le escribo (a Pedro). 나는 그에게 편지한다. (뻬드로에게)

Yo les escribo (a Uds.). 나는 당신들에게 편지합니다. (당신들에게)

Yo le escribo una carta (a María). 나는 그녀에게 편지를 한 통 씁니다. (마리아에게)

Yo se la escribo. 나는 그녀에게 그것을 씁니다.

Yo se la escribo (a María). 나는 그녀에게 그것을 씁니다. (마리아에게)

2. 소유사

① 소유 형용사

소유 형용사는 전치형과 후치형이 있다. 전치형은 명사 앞에 사용하고 후치형은 명사 뒤에 사용된다. 소유 형용사도 일반 형용사처럼 수식하는 명사에 따라 성수변화를 한다.

전치형

mi	나의	nuestro	우리의
tu	너의	vuestro	너희들의
su	그의, 그녀의, 당신의	su	그들의, 그녀들의, 당신들의

후치형

mío	nuestro
tuyo	vuestro
suyo	suyo

Mi abuelo vive en el campo. 나의 할아버지는 시골에서 사신다.

Tus hermanas son muy bonitas. 너의 누나들은 매우 예쁘다.

Nuestra casa no es grande. 우리 집은 크지 않다.

Su coche es amarillo. 그의 / 그녀의 / 당신의 / 그들의 / 그녀들의 / 당신들의 자동차는 노란색이다.

Sus libros son nuevos. 그의 책들은 새것이다.

Su casa es pequeña. 그들의 집은 작다.

후치형은 명사 뒤에 놓이고 그 명사 앞에는 정관사를 써야 한다. 경우에 따라 부정관사가 오기도 한다. 후치형은 사용 예가 적고 주로 일반 형용사처럼 보어로 사용한다.

el *libro mío* 나의 책

las *mesas nuestras* 우리의 탁자들

Un amigo mío me da el libro. 내 친구 한 명이 나에게 그 책을 준다.

Este libro es mío. 이 책은 나의 것이다.

Estas corbatas son tuyas. 이 넥타이들은 너의 것들이다.

¡Hijo mío! 아들아! (호칭 등으로 사용 시 관사 생략)

② 소유 대명사 = **정관사** + (명사 생략) + **후치형**

Tu libro es interesante pero el mío es muy aburrido.
너의 책은 흥미롭다. 그러나 내 것은 매우 지루하다.

La cocina de María es grande pero la nuestra es pequeña.
마리아의 부엌은 크다. 그러나 우리 것은 작다.

Sus sillas son cómodas pero las tuyas son muy bajas.
그들의 의자들은 편안하다. 그러나 너의 것들은 매우 낮구나.

1 다음을 스페인어로 작문하세요.

① 우편 집배원 (cartero)이 나에게 편지 한 통을 건넨다 (entregar).

② 그의 넥타이 (corbata)들은 비싸다 (caro).

③ 그는 나를 미워한다.

④ 마리아가 그에게 이메일 (correo electrónico)을 한 통 보낸다 (enviar, mandar).

⑤ 그의 자동차 (coche, carro)는 파란색 (azul)이고 내 것은 녹색 (verde)이다.

* coche는 스페인, carro는 중남미에서 사용된다.

1 정답 ① El cartero me entrega una carta. ② Sus corbatas son caras. ③ Él me odia. ④ María le envía un correo electrónico. (현재시제 – envío envías <u>envía</u> enviamos enviáis envían) ⑤ Su coche es azul y el mío es verde.

보충 학습

1. 정관사 유무

학습과 관련된 경우 언어 앞에 관사가 보통 생략되지만 중간에 부사가 오면 다시 정관사를 사용하거나 생략되기도 한다.

¿Hablas en español en clase? 너는 수업 중에 스페인어로 말하니?

¿Hablas español? 너는 스페인어를 말하니?

Hablo japonés. 나는 일어를 말한다.

Hablo español bien. 나는 스페인어를 잘 말한다.

Hablo bien (el) español. 나는 스페인어를 잘 말한다.

Estudiamos español. 우리는 스페인어를 공부한다.

Yo enseño inglés. 나는 영어를 가르친다.

¿Quieres aprender francés? 너는 불어를 배우고 싶니?

Soy estudiante de español. 나는 스페인어를 공부하는 학생이야.

El ruso es un poco difícil. 러시아어는 조금 어렵다.

Corea del Norte 북한

Corea del Sur 한국 (남한)

la Corea del siglo XXI 21세기 한국 ※ 1~10세기는 서수, 11세기부터는 기수로 읽는다. (10세기는 기수도 자주 사용됨)

2. 부정관사 유무

명사 뒤에서 형용사 등이 수식하면서 명사의 성질을 한정하는 경우 부정관사가 사용된다.

Soy coreano. 나는 한국인이야.

Carlos es estudiante. 까를로스는 학생입니다.

Él es un estudiante inteligente. 그는 똑똑한 학생이지.

Ella es una buena muchacha. 그녀는 좋은 소녀입니다.

Luis es un joven muy guapo. 루이스는 매우 잘생긴 젊은이다.

더 말해줄게…

enseñar 가르치다 | **aprender** 배우다 | **inteligente** 똑똑한 | **muchacha** 소녀 | **joven**(m)(f) 젊은(이) | **guapo** 잘생긴

1. saber와 conocer 동사
2. qué와 cuál
3. 전치사

1. saber와 conocer 동사

두 동사의 뜻은 (~알다)로 쓰임새는 각각 다음과 같다.

① saber - sé sabes sabe sabemos sabéis saben

정보적 성격의 사실(fact)에 대해 아는 것

Los padres de Juan saben que su hijo trabaja duro.
환의 부모님은 아들이 열심히 일하는 것을 알고 있다.

¿Sabes dónde está mi billetera? 너는 어디에 나의 지갑이 있는지 아니?

Sé dónde vive ella. 나는 그녀가 어디에 사는지 알고 있다.

Ella sabe su dirección. 그녀는 당신의 주소를 알고 있어요.

Juan sabe tocar el violín. 환은 바이올린을 연주할 줄 안다.

Este pan sabe a fresa. 이 빵은 딸기 맛이 난다.

더 말해줄게…

saber que ~을 알다 (know that) | **duro** 단단한, 혹독한, 혹독히 (hard) | **billetera / cartera** 지갑 | **dirección** 방향, 주소 | **saber inf.** ~할 줄 안다 | **tocar** 연주하다, 손대다 (touch) | **saber a** ~ 맛이 나다 | **pan**(m) 빵 | **fresa** 딸기

* 향후 saber와 conocer 동사의 예들을 많이 보면서 의미상의 차이에 대하여 공부하자.

② conocer

conozco conoces conoce conocemos conocéis conocen

(사람, 장소를) 알다. 경험을 통해 알고 있는 것.

¿Conoces a Ramón? 너는 라몬을 아니?

Sí, lo conozco. 응, 나는 그를 알아.

Pedro conoce bien la Ciudad de México pues la visita a veces.
뻬드로는 멕시코시티를 잘 안다. 가끔 그 도시를 방문하니까.

더 말해줄게…

ciudad(f) 도시 | **pues** 저 (well), 왜냐하면 (= porque) | **vez**(f) 번, 째, 배 | **veces** vez의 복수형 | **a veces** 가끔

2. qué와 cuál

qué와 cuál은 각각 영어의 what과 which에 해당하는데, 용법에는 약간의 차이가 있으니 주의해야 한다.

¿Qué es esto? 이것은 무엇입니까?

¿Qué hora es ahora? 지금은 몇 시입니까?

No sé qué decir. 무엇을 말해야 할지 난 모르겠다.

¿Qué tiempo hace hoy? 오늘 날씨는 어떻습니까?

¿Qué es la felicidad? 행복이란 무엇인가?

¿Cuál es tu nombre? 너의 이름은 뭐니?

¿Cuál es tu nacionalidad? 너의 국적은 무엇이니?

¿Cuál es la capital de Ecuador? 에콰도르의 수도는 무엇입니까?

¿Cuál es tu número de teléfono? 너의 전화번호는 무엇이니?

¿Cuáles son tus cuadernos y bolígrafos? 너의 공책들과 볼펜은 어느 것들이니?

① 강세 부호가 없는 que는 영어 that처럼 접속사나 관계대명사로 쓰인다.

Ella dice **que** vive en Taiwán. = She says that she lives in Taiwan.

② 날씨 표현

¿Qué tiempo hace hoy?

날씨를 물을 때는 주어 없이 hacer 동사의 3인칭 단수와 tiempo (날씨, 시간)를 사용한다. 직역하면 '오늘은 무슨 날씨를 만듭니까?'의 뜻이 된다.

Hace calor. 덥습니다. (더위를 만든다)

Hace buen tiempo. 날씨 좋아요. (좋은 날씨를 만듭니다.)

Llueve. 비가 와요. (llover 동사 3인칭 단수) *lluevo llueves llueve llovemos llovéis llueven

Está nublado. 구름 낀 상태입니다. (estar 3인칭 단수) *nublado 구름 낀, 흐린

3. 전치사

① de

Voy a estudiar en casa de Pedro. 나는 빼드로의 집에서 공부할 것이다.

¿De dónde es usted? 당신은 어디 출신입니까?

Soy de Corea del Sur. 나는 한국 출신입니다.

¿A qué hora sales de casa? 몇 시에 집에서 나오니?

La tienda está cerrada de dos a cuatro. 2시에서 4시까지 상점은 닫혀 있습니다.

José y yo hablamos de la economía. 호세와 나, 우리는 경제에 대해 말한다.

Ese hombre duerme de día y sale de madrugada. 그 남자는 낮에 자고 새벽에 나간다.

José trabaja de camarero en aquel bar. 호세는 저 바에서 웨이터로 일한다.

Es un mueble hecho de madera. 목재로 만들어진 가구입니다.

더 말해줄게…

de ~ a 영어 from ~ to | **tienda** 상점 | **cerrado** 닫힌 | **economía** 경제 | **hombre** 남자(영어 man) | **dormir** 자다(현재형 duermo duermes duerme dormimos dormís duermen) | **de día** 낮에 | **de madrugada** 새벽에 | **trabajar de** ~로 일하다 | **mueble**(m) 가구 | **hecho** 만들어진 (영어 made, done) | **madera** 목재

② en

¿En qué universidad estudiáis? 무슨 대학에서 너희들은 공부하니?

Hay una fuente y unos bancos en la plaza. 광장에는 분수 하나와 몇 개의 벤치가 있다.

Siempre pienso en ella. 항상 나는 그녀를 생각해.

¿En el año 2010? 2010 년에?

Vivimos en Suiza. 우리는 스위스에서 산다.

Ella quiere estudiar en el extranjero. 그녀는 외국에서 공부하고 싶어한다.

Aquí nadamos en verano. 여기서 우리는 여름에 수영을 한단다.

Los turistas piensan ir en barco. 관광객들은 배로 갈 생각을 한다.

더 말해줄게…

universidad(f) 대학교 | **hay** ~가 있다 (영어의 there is, there are에 해당) | **fuente**(f) 분수, 샘, 원천 | **banco** 벤치, 은행 | **pensar en** ~에 대하여 생각하다 (think about) | **pensar inf.** ~할 생각이다 (현재형 pienso piensas piensa pensamos pensáis piensan) | **año** 년(年), 해 | **extranjero** 외국, 외국인, 외국의 | **turista**(m)(f) 관광객 | **barco** 배

③ a ~에, ~에게, ~를

사람이 목적격으로 사용된 경우 a를 사용한다는 것이 특히 중요하다.

Yo amo <u>a</u> María. 나는 마리아를 사랑합니다.

Luis le da un libro a ese gitano. 루이스는 그 집시에게 책을 한 권 준다.

Comemos juntos a mediodía. 우리는 함께 정오에 식사한다.

Van a volver a mediados de abril. 그들은 4월 중순에 돌아올 것이다.

Yo lo llamo cuatro veces al día / a la semana.
나는 하루에/일주일에 네 번씩 그를 부른다(전화한다).

Ellas vienen a hacerme una pregunta. 그녀들은 나에게 질문을 하나 하러 온다.

더 말해줄게…

gitano 집시 | **juntos** 함께 (여자만 있는 경우 juntas를 사용함) | **a mediados de** ~중순에 | **cuatro veces** 네 번 | **semana** 주 | **venir a** ~하러 오다 | **pregunta** 질문

④ sobre ~에 관하여, ~ 위에

Quiero comprar un libro sobre el Imperio Romano.
나는 로마 제국에 대한 책을 한 권 사고 싶다.

Hay dos diccionarios sobre la mesa. 탁자 위에 두 권의 사전이 있다.

⑤ para ~하기 위하여 ~을 위한

Este billete es para usted. 이 티켓은 당신을 위한 것입니다.

Tengo que comprar un regalo para el cumpleaños de mi hija.
나는 내 딸 생일을 위한 선물을 하나 사야 한다.

Esta agua no es para beber. 이 물은 마시기 위한 것이 아니다.

Ahorramos dinero para viajar a la India. 우리는 인도로 여행하기 위해서 돈을 저축합니다.

더 말해줄게…

billete 표, 지폐 | **tener** 갖고 있다 | **tener que inf.** ~해야 한다 | **regalo** 선물 | **cumpleaños** 생일 | **hija** 딸 | **agua** 물 | **ahorrar** 저축하다, 절약하다 | **viajar** 여행하다

⑥ por ~ 때문에, ~에 의해서, ~쪽으로

¿Por qué lo necesitas? 왜 그것을 너는 필요로 하니?

Voy a viajar por América del Sur. 나는 남미 여행을 할 것이다.

¿Esos soldados deben morir por la patria? 그 군인들은 조국을 위해 (때문에) 죽어야 합니까?

¡Vamos a luchar por la paz y la seguridad mundiales! 세계 평화와 안보를 위해 싸웁시다!

Él conduce a 120 kilómetros por hora. Eso es muy peligroso.
그는 시속 120 km로 운전을 한다. 그것은 매우 위험하다.

No lo acepto por esta razón. 나는 이런 이유 때문에 그것을 받아들이지 않아.

Ana va a firmar por su jefe. 아나가 그녀의 상사를 대신해 서명을 할 것이다.

더 말해줄게…

viajar 여행하다 | **soldado** 군인 | **deber** ~해야 한다 (should) | **morir** 죽다 | **luchar** 싸우다 | **paz** 평화 | **seguridad** 안보 | **mundial** 세계의 | **conducir** 운전하다 | **120** ciento veinte | **peligroso** 위험한 | **aceptar** 수락하다 | **razón**(f) 이성, 이유 | **firmar** 서명하다 | **jefe** 상사, 우두머리

⑦ con ~을 가지고, ~와 함께

Esta tarde voy a ver una carrera de caballos con mis amigos.
오늘 오후에 나는 친구들과 경마를 볼 것이다.

¿Con quién hablo? (전화) 누구세요? (제가 누구와 말하고 있나요?)

Habla con Lucas. 루까스입니다. (당신은 루까스와 말합니다.)

La Sra. Sánchez es amable con nosotros. 산체쓰 부인은 우리에게 친절하단다.

Tienes que cortarlo con las tijeras. 너는 가위로 그것을 잘라야 해!

더 말해줄게…

esta tarde 오늘 오후에 | **carrera** 경주 | **caballo** 말 | **señora** (Sra.) 부인 | **amable** 친절한 | **cortar** 자르다 | **tijera** 가위 ※ 주로 복수로 사용한다.

⑧ sin ~없이

¿Quieres cerveza sin alcohol? 너는 알코올 없는 맥주를 원하니(마실래)?

Hay mucha gente sin hogar por aquí. 여기 주위에는 노숙자가 많다.

더 말해줄게…

cerveza 맥주 | **gente**(f) 사람들 | **hogar** 가정 | **por aquí** 이 부근에(around here)

⑨ excepto ~을 제외하고

El museo está abierto todos los días excepto los miércoles.
박물관은 매주 수요일을 제외하고 날마다 개방된다.

Todos van a obtener beca excepto yo. 모두들 장학금을 탈 것이다. 나를 제외하고.

더 말해줄게…

abierto 열린 | **obtener** 획득하다 | **beca** 장학금

* excepto의 경우 인칭대명사는 형태가 바뀌지 않는다.
  excepto mí (×)
  excepto yo (o)

연습문제

1 다음을 스페인어로 작문하세요.

① 우리는 너의 주소를 알고 있다. 너의 이름(nombre)은 무엇이니?

____

② 당신은 바이올린(violín)을 연주할 줄 아나요?

____

③ 그들은 멕시코시티를 잘 알고 있다.

____

2 다음 괄호 안에 알맞은 전치사를 넣으세요.

① ¿Qué hay (   ) la plaza?
광장에 무엇이 있니?

② Ella tiene buenas noticias (   ) vosotros.
그 여자는 너희들을 위한 좋은 소식을 가지고 있다.

③ Mañana voy al cine (   ) mis compañeros de trabajo.
나는 내일 직장 동료들과 영화관에 간다. * trabajo : (영어) job, work

④ Ella dice que lo hace (   ) dinero.
그 여자는 돈 때문에 그것을 한다고 말한다.

⑤ Los esclavos negros luchan (   ) la libertad.
흑인 노예들은 자유를 위해 (때문에) 싸운다.

1 정답 ① Sabemos tu dirección. ¿Cuál es tu nombre? ② ¿Sabe Ud. tocar el violín? ③ Ellos conocen bien la Ciudad de México.
2 정답 ① en ② para ③ con ④ por ⑤ por

재귀대명사 se

재귀대명사 se는 영어의 oneself에 해당하지만 영어와 용법에서 다소 차이가 있다. 예문을 통해 하나하나 알아보자.

me	나 자신을(에게)	nos	우리 자신을
te	너 자신을	os	너희들 자신을
se	그/그녀/당신 자신을	se	그들/그녀들/당신들 자신을

① 타동사와 결합하여 자동사를 만든다

자동사가 따로 존재하는 경우는 적고 보통 타동사에 se를 함께 사용하여 자동사를 이룬다. 재귀대명사도 간접 · 직접 목적대명사와 마찬가지로 동사 앞에 위치하거나 원형 혹은 현재분사 뒤에 붙여 사용한다.

peinar 머리를 빗겨주다	peinarse 자신을 빗겨주다 → 머리 빗다

peinarse 동사 현재형 변화는 다음과 같다.

me peino	nos peinamos
te peinas	os peináis
se peina	se peinan

다음은 모두 se를 이용한 표현들이다.

(Yo) me levanto temprano. 나는 일찍 일어난다. (나 자신을 일으키다)

Juan se lava. 환은 씻는다. (환은 자신을 씻어 준다.)

Mi tío se afeita por la mañana. 내 삼촌은 아침에 면도한다.

Nos duchamos por la noche. 우리는 밤에 샤워한다.

¿Cuándo os peináis? 언제 너희는 머리를 빗니?

María, ¿por qué te maquillas ahora? 마리아, 왜 지금 화장하니?

El abogado se mira en el espejo. 그 변호사는 거울을 본다. (자신을 거울에서 본다.)

Me visto en el cuarto de baño. 나는 욕실에서 옷을 입는다.

Los niños se bañan todos los días. 아이들은 날마다 목욕을 한다.

Mi yerno se acuesta a medianoche. 내 사위는 자정에 잠자리에 든다. (자신을 눕힌다.)

Ellos van a perderse en el bosque. 그들은 숲에서 길을 잃을 것이다.

¿Dónde tengo que sentarme? 어디에 나는 앉아야 하는가? (나 자신을 앉히다)

El padre de Julieta casa a su hija con otro joven.
줄리엣의 아버지는 딸을 다른 젊은이와 결혼시킨다.

Romeo se casa con Julieta este año. 로미오는 줄리엣과 금년에 결혼한다.

더 말해줄게…

levantar 들어 올리다, 일으키다 | **levantarse** 일어나다 | **lavar** 빨다, 씻어 주다 | **afeitar** 면도해주다 | **ducharse** 샤워하다 | **maquillarse** 화장하다 | **vestirse** 옷 입다 (me visto / te vistes / se viste / nos vestimos / os vestís / se visten) | **cuarto** 방, 15분, 네 번째 | **cuarto de baño** 욕실 | **bañarse** 목욕하다 | **yerno** 사위 | **acostarse** 눕다(me acuesto / te acuestas / se acuesta / nos acostamos / os acostáis / se acuestan) | **perder** 잃다, 지다 (lose) | **perderse** 길을 잃다 | **bosque** 숲 | **sentarse** 앉다 (me siento / te sientas / se sienta / nos sentamos / os sentáis / se sientan) | **casar** 결혼시키다 | **casarse** 결혼하다 | **otro** 다른(other, another) | **este año** 금년에

② 재귀대명사는 '자신을' 혹은 ~ '자신에게'의 뜻으로 문장을 구성한다

Me lavo. 나 자신을 씻어 준다.

Me lavo la cara. 나 자신에게 얼굴을 씻어 준다.

Me lavo las manos. 나 자신에게 손들을 씻어 준다.

*Me las lavo. 나 자신에게서 그것들(손들)을 씻어 준다.

Tengo que lavarme las manos. 나 자신에게 손들을 씻어 주어야 한다.

*Quiero lavármelas 나 자신에게 그것들(손들)을 씻어 주고 싶다.

Pedro se pone el sombrero. 뻬드로는 자신에게 모자를 씌운다. (모자를 쓴다)

Mi marido se limpia los dientes. 내 남편은 자신에게 이를 깨끗이 한다. (양치한다)

El policía se sienta en una silla. 그 경찰관은 의자에 자신을 앉힌다.

La Sra. Martínez se quita el abrigo. 마르띠네쓰 부인은 자신에게 외투를 벗긴다. (벗는다)

¿Cómo te llamas? 너 자신을 어떻게 부르니? (이름이 뭐니?)

Me llamo Fernando. 나 자신을 페르난도라고 부른다. (이름이 페르난도야)

¿Te das un baño con agua fría? 찬물을 가지고 너 자신에게 목욕을 주니? (목욕하니?)

Debes cortarte el pelo. 너 자신에게 머리를 잘라야 한다. (이발해야 한다)

¿Cómo os sentís ahora? 어떻게 너희 자신을 느끼니 지금?

Nos sentimos felices. (우리 자신을) 행복하다고 느낀다.

더 말해줄게…

sombrero 모자 | **marido** 남편 | **limpiar** 깨끗이 하다 | **diente**(m) 이, 치아 | **el policía** (남)경찰관 | **la policía** (집합적) 경찰, (여)경찰관 | **silla** 의자 | **quitar** 벗기다 | **baño** 목욕(실), 화장실 | **frío** 차가운, 추운, 추위 | **pelo** 머리카락, 털 | **sentir** 느끼다, 유감이다 | **sentirse + (형/부)** ~하게 느끼다 (me siento / te sientes / se siente / nos sentimos / os sentís / se sienten) | **felices** 형용사 feliz의 복수형

Me las lavo.

목적대명사와 재귀대명사가 동시에 문장에 위치할 경우 순서는 다음과 같다.

재귀대명사 〉 간접 목적대명사 〉 직접 목적대명사

El niño se lo pone. 아이는 자신에게 (재귀) 그것을 (직-목) 입힌다.

③ 뉘앙스, 강조

dormir	자다	dormirse	잠들다
morir	죽다	morirse	죽어 버리다
ir	가다	irse	떠나가다 * leave
comer	먹다	comerse	먹다, 먹어 없애다 * eat up
caer	떨어지다	caerse	떨어져 버리다, 떨어지다

Tengo que irme. 나는 가야만 한다.

Me lo voy a comer. 나는 그것을 먹을 거야.

Nos morimos de hambre. 우리는 배고파 죽겠다.

Juan se duerme pronto. 환은 금방 잠들어.

La niña siempre se cae en la calle. 그 여자애는 항상 거리에서 넘어진다.

더 말해줄게…

morir 죽다(muero mueres muere morimos morís mueren) | **hambre**(f) 배고픔 | **dormir** 자다(duermo duermes duerme dormimos dormís duermen) | **pronto** 곧, 금방 | **caer** 떨어지다(caigo caes cae caemos caéis caen) | **calle**(f) 거리

④ 재귀동사들은 숙어처럼 외워 사용한다

quejarse de	~에 대해 불평하다	enamorarse de	~을 사랑하게 되다
atreverse a	감히 ~하다	arrepentirse de	~에 대해 후회하다
burlarse de	~를 놀리다	equivocarse de	~에 대해 착각하다

El príncipe se enamora de ella al verla en la calle.
그 왕자는 길거리에서 그녀를 보자 그녀에게 반한다.

No queremos burlarnos de ella. 우리는 그녀를 놀리고 싶지 않다.

Elena siempre se queja de sus vecinos. 엘레나는 항상 그녀의 이웃들에 대해서 불평한다.

No vas a arrepentirte de experimentarlo. 너는 그것을 경험하는 것에 대해 후회하지 않을 거야.

더 말해줄게…

príncipe 왕자 | **princesa** 공주 | **al inf.** 하자(마자) | **vecino/a** 이웃사람 | **experimentar** 경험하다

* encontrar = 찾다(find), 구하다, 발견하다 encontrarse = estar, (우연히) (서로) 만나다

⑤ 상호의 se

nos, se를 사용해서 '서로'라는 뜻을 만들 수 있다.

Nos escribimos. 우리는 서로 편지합니다.

Nos vemos el lunes. 우리 월요일에 (서로) 봐.

Fernando y Luisa se aman mucho. 페르난도와 루이사는 서로 무척 사랑한다.

Ellos se abrazan. 그들은 서로 껴안는다.

No nos entendemos. 우리는 서로를 이해하지 못한다.

Ellos se llevan bien. 그들은 서로 잘 지낸다.

Nos parecemos en todo. 우리는 서로 모든 점에서 닮았다.

더 말해줄게…

abrazar 포옹하다 | **entender** 이해하다 (entiendo entiendes entiende entendemos entendéis entienden) | **llevarse bien** (사이좋게) 잘 지내다 | **parecer** 영어 seem (parezco pareces parece parecemos parecéis parecen) | **parecerse a** ~와 닮다

⑥ ponerse / hacerse / volverse 용법 = ~되다, ~해지다

Yo me pongo rojo. 나는 얼굴 빨개진다.

La enfermera se pone roja. 그 간호사는 얼굴을 붉힌다.

El profesor se pone pálido. 선생님은 얼굴이 창백해진다.

Pedro se hace médico. 뻬드로는 의사가 된다.

Me vuelvo loco. 나는 미쳐버린다.

더 말해줄게…

rojo 빨간 | **pálido** 창백한 | **médico** 의사 | **loco** 미친 (사람) | **volverse loco** 영어의 go crazy에 해당한다.

⑦ 무인칭 표현

se + 동사 3인칭 단수 = 사람들이 ~하다. 즉 se가 사람들로 해석된다.

Se habla de la lotería. 사람들이 복권에 대해서 말한다.

Se trabaja mucho en esta oficina. 사람들이 이 사무실에서 열심히 일한다.

¿Por dónde se va a la plaza? 광장으로 가는 길이 어디죠? (어디로 해서 사람들이 광장에 가나요?)

더 말해줄게…

lotería 복권 | **por** ~에 의해서, ~로 | **plaza** 광장

⑧ 수동의 se

se + 동사 + 주어 = 수동태 문장이 된다. 주어는 보통 동사 뒤로 간다. 동사는 물론 주어에 따라 바뀐다.

Aquí se vende pan. 여기서 빵이 판매된다.

Allí se venden flores. 저기서 꽃들이 판매된다.

Se reparan coches. 자동차들 수리됨.

Se habla español. 스페인어가 사용된다. (Spanish spoken)

Se dice que él es abogado. 그는 변호사라고 하더라.

se dice que에서 que는 영어의 that과 같고 뒷 문장을 아우르면서 주어가 된다.
영어의 it is said that 문형이고 스페인어에는 가주어 it이 없다.

보충 학습

① 인칭대명사가 전치사와 같이 쓰이는 경우

인칭대명사

yo	nosotros
tú	vosotros
él, ella, Ud.	ellos, ellas, Uds.

위의 인칭대명사는 앞에 전치사가 오면 형태가 다음과 같이 바뀐다.

mí	nosotros
ti	vosotros
él, ella, Ud.	ellos, ellas, Uds.

* con + yo, tú = conmigo, contigo임

Ella siempre piensa en ti. 그녀는 항상 너를 생각해.

Esta camiseta es para usted. 이 티셔츠는 당신을 위한 거예요.

¿Quieres venir al cine conmigo esta noche? 너는 오늘 밤에 나와 영화관에 가고 싶니?

Lo siento, no puedo. 미안해, 나는 갈 수 없어.

El autobús puede atropellarme (a mí). 버스가 나를 칠 수 있다.(나를). *a mí는 생략할 수 있음.

El camión viene hacia mí. 그 트럭은 나를 향해서 온다.

Ella lee mi libro. 그녀는 나의 책을 읽는다. *소유형용사 mi에는 강세 부호가 없음.

더 말해줄게…

camiseta 티셔츠 | **esta noche** 오늘 밤 | **lo siento** 미안합니다 (I'm sorry) | **atropellar** (자동차가) 치다, 유린하다 | **camión**(m) 트럭 | **hacia** 향하여

② 재귀대명사도 전치사와 같이 사용되면 형태가 바뀐다

se (oneself)

me	nos
te	os
se	se

mí	nosotros
ti	vosotros
sí	sí

* con + me, te, se = conmigo, contigo, consigo임

Daniel piensa sólo en sí mismo. 다니엘은 바로 자신만을 생각한다.

* mismo는 영어 same에 해당하는데 sí를 더 강조해 사용한다.

1. 접속법 현재
2. 감탄문

1. 접속법 현재

지금까지 배운 동사의 시제는 모두 직설법에 속한다. 이번 과에서는 접속법을 배우게 된다. 접속법은 불확실성이 내포되거나 개인의 감정에 따른 주관성이 개입되는 경우 사용된다.

(예문 1) 나는 꽃을 산다.

(예문 2) 나는 네가 내게 꽃을 사 주기를 원한다.

두 번째 문장에서 화자는 상대방이 꽃을 사 주기를 원한다. 그러나 이것은 어디까지나 화자 자신의 바람이다. 따라서 꽃을 '산다'는 행위의 발생 여부는 확실히 정해지지 않았다. 이 경우 접속법이 사용된다. 접속법을 사용해야 하는 기본 문형을 이번 과에서 익혀보도록 하자.

① 접속법 현재 만드는 방법

-ar 동사	
-e	-emos
-es	-éis
-e	-en

hablar 말하다　hable hables hable hablemos habléis hablen

-er, -ir 동사	
-a	-amos
-as	-áis
-a	-an

comer 먹다	coma comas coma comamos comáis coman
vivir 살다	viva vivas viva vivamos viváis vivan

* 직설법 현재 불규칙 동사들은 접속법에서도 불규칙 변화를 한다. 자주 보면서 익숙해지도록 한다.

ser ~이다	sea seas sea seamos seáis sean
estar ~가 ~에 있다, 상태가 ~하다	esté estés esté estemos estéis estén
cerrar 닫다	cierre cierres cierre cerremos cerréis cierren
ir 가다	vaya vayas vaya vayamos vayáis vayan
hacer 하다, 만들다	haga hagas haga hagamos hagáis hagan
venir 오다	venga vengas venga vengamos vengáis vengan
volver 돌아오다	vuelva vuelvas vuelva volvamos volváis vuelvan
poner 놓다	ponga pongas ponga pongamos pongáis pongan
salir 나가다, 출발하다	salga salgas salga salgamos salgáis salgan
decir 말하다	diga digas diga digamos digáis digan
traer 가지고 오다	traiga traigas traiga traigamos traigáis traigan
haber ~가 있다, 완료시제 조동사	haya hayas haya hayamos hayáis hayan
dormir 자다	duerma duermas duerma durmamos durmáis duerman
querer 사랑하다, 원하다, ~하고 싶다	quiera quieras quiera queramos queráis quieran
coger 잡다, 타다	coja cojas coja cojamos cojáis cojan
proteger 보호하다	proteja protejas proteja protejamos protejáis protejan
elegir 고르다	elija elijas elija elijamos elijáis elijan
empezar 시작하다	empiece empieces empiece empecemos empecéis empiecen
llegar 도착하다	llegue llegues llegue lleguemos lleguéis lleguen
tocar 연주하다, 만지다, 당첨되다	toque toques toque toquemos toquéis toquen
buscar 찾아보다	busque busques busque busquemos busquéis busquen
pedir 요구하다, 주문하다	pida pidas pida pidamos pidáis pidan
seguir 계속하다	siga sigas siga sigamos sigáis sigan

② 용법

주절에서 희망, 충고, 금지, 허락, 요청, 명령, 지시, 사역 동사가 사용되면 종속절은 접속법을 사용한다. 주절 주어의 의지 표현이 종속절의 주어에 얼마나 영향을 끼치는지는 정확히 모른다고 말할 수 있다.

Quiero que estudies conmigo. 나는 네가 나와 공부하기를 원해.

Los campesinos esperan que llueva. 시골 사람들이 비가 오기를 바란다.

El jefe me aconseja que busque un buen abogado.
상사는 내게 좋은 변호사를 찾아보라고 충고한다.

Mi padre me prohíbe que salga después de las diez de la noche.
나의 아버지는 내게 밤10시 이후에 나가는 것을 금지한다.

Juan me pide que termine el trabajo para el día 14 de noviembre.
환은 내게 (늦어도) 11월14일까지는 그 일을 끝낼 것을 요청한다.

No te permitimos que nos hables en ese tono.
우리는 네게 그런 어조로 우리에게 말하는 것을 허락하지 않는다.

Él me deja que lo haga despacio. 그는 내가 그것을 천천히 하게끔 놔둔다.

Él me dice que no falte a clase. 그는 내게 수업에 결석하지 말라고 말한다. (지시 - 접속법)

Él me dice que la muñeca es fea. 그는 내게 인형이 보기 흉하다고 말한다. (전달 - 직설법)

더 말해줄게…

campesino 시골 사람 | **esperar** 바라다, 기다리다 | **llueva** 비가 오다 (llover), 접속법 3인칭 단수 | **aconsejar** 충고하다 | **prohibir** 금지하다 (직설법현재 prohíbo prohíbes prohíbe prohibimos prohibís prohíben) | **abogado** 변호사 | **pedir** 요구하다 (직설법현재 pido pides pide pedimos pedís piden) | **permitir** 허락하다 | **tono** 어조 | **dejar** ~하게 하다, ~인 채로 놓아두다 (let, leave) | **despacio** 천천히 | **faltar** 부족하다 | **faltar a clase** 수업에 결석하다 | **muñeca** 인형 | **feo** 추한

③ 주절의 동사가 부정된 경우나 부인, 부정의 동사가 사용된 경우

Creo que ella es mexicana. 나는 그녀가 멕시코인이라고 생각해.

No creo que ella sea mexicana. 나는 그녀가 멕시코인이라고 생각하지 않아.

Estoy seguro de que ella va a venir este sábado. 난 그녀가 이번 토요일에 올 거라고 확신해.

No estoy seguro de que ella venga. 나는 그녀가 올 거라고 확신하지 못 한다.

Dudamos que ella venga. 우리는 그녀가 올 거라는 것을 의심한다.

Creo que ella va a venir. 나는 그녀가 올 거라고 생각해.

No creo que ella venga. 나는 그녀가 올 거라고 생각하지 않는다.

④ 당위성, 가능, 불가능, 중요성, 감정 등의 주관적 가치판단이 작용하면서 que가 주어가 되는 경우

Es posible que haya vida en otros planetas. 다른 혹성들에 생명체가 있는 것이 가능하다.

Es imposible que él domine el francés en un año. 그가 1년에 불어를 정복한다는 것은 불가능하다.

Es mejor que le digas la verdad. 네가 그에게 사실을 말하는 것이 더 좋다.

Es necesario que Uds. ayuden a los pobres. 당신들이 가난한 사람들을 도와주는 것이 필요하다.

Es importante que cooperemos todos. 우리 모두가 협력을 하는 것이 중요하다.

No es cierto que ellos estén enamorados. 그들이 사랑에 빠졌다는 것은 확실하지 않다.

No parece que la situación vaya a cambiar. 상황이 바뀔 것 같지가 않아 보인다.

Es verdad que ella es muy rica. 그 여자가 매우 부유한 것은 사실이야. (직설법)

Es cierto que ellos están enamorados. 그들이 사랑에 빠졌다는 것은 확실하다. (직설법)

Parece que Juan dice mentiras. 환이 거짓말을 하는 것 같다. (직설법)

* 영어 (it is ~ that)은 스페인어에서 (es ~ que)로 이루어진다. 즉 가주어인 it이 없다.

* (it seems that ~)은 스페인어로 (parece que ~)이며 que가 주어이고 3인칭 단수이다.

더 말해줄게…

estoy seguro de que 나는 ~라고 확신한다 (I'm sure that) | **haya** hay의 접속법 시제임 | **planeta**(m) 혹성 | **dominar** 지배하다, 정복하다 (master) | **ayudar** 도와주다 | **cooperar** 협력하다 | **cierto** 확실한, 어떤 | **enamorado** 사랑에 빠진 | **situación**(f) 상황 | **vaya a inf.** va a inf.의 접속법시제 (~할 것이다) | **mentira** 거짓말

⑤ 주절에서 감정의 단어가 사용되는 경우

Me alegro de verte. 너를 보는 것이 기쁘다. (주어가 동일함)

Me alegro de que ella esté conmigo. 나는 그녀가 나와 있다는 것이 기쁘다.

Temo que mi hijo pierda el autobús. 나는 아들이 버스를 놓칠까봐 걱정이다.

Me preocupa que él no tenga éxito. 그가 성공하지 않을까 봐 나는 걱정이다.

Es una lástima que no podáis venir. 너희들이 올 수가 없는 것이 유감이다.

더 말해줄게…

alegrarse de ~에 대해 기뻐하다 | **temer** 걱정하다 | **perder** 잃다, 놓치다 | **éxito** 성공 | **lástima** 유감, 애석한 일

* **preocupar** 동사의 용법

me preocupa que ~ : 접속사 que가 뒷 문장을 아우르면서 주어 역할을 한다.

te preocupa que ~ : 너는 ~ 일까 봐 걱정한다 / 너는 (que ~)을 걱정한다.

⑥ quizá / tal vez / ojalá에 접속법이 사용된 예

Quizá ella venga. 아마 그 여자는 올지도 모른다.

Tal vez Pedro me invite a almorzar. 아마 뻬드로가 나를 점심 먹는 데 초대할 것 같은데.

Ojalá tengas suerte. 부디 네가 행운이 있기를.

더 말해줄게…

quizá / quizás 아마 | **tal vez** 아마 | **invitar** 초대하다 | **ojalá** 부디 ~이기를 | **suerte**(f) (행)운 (luck)

* quizá / tal vez에 상황에 따라 직설법이 오기도 한다.

2. 감탄문

① qué + 명사 + tan(más) + 형용사

¡Qué edificio tan alto! 무슨 건물이 이리 높은지!

¡Qué árboles tan altos! 무슨 나무들이 이리 높은지!

¡Qué chica más hermosa! 얼마나 아름다운 아가씨인가!

¡Qué puente tan largo! 참 길구나 다리가!

¡Qué calle más ancha! 무슨 거리가 이리 넓은지!

더 말해줄게…

árbol(m) 나무 | **chica** 여자애, 아가씨 | **hermoso** 아름다운 | **puente**(m) 다리, 교량 | **pierna** (신체) 다리 | **largo** 긴 | **corto** 짧은 | **ancho** 폭이 넓은 | **estrecho** 폭이 좁은

② qué + 형용사 + 동사 + 주어

¡Qué alto es el edificio! 참으로 높구나 빌딩이!

¡Qué altos son los árboles! 참으로 높구나 나무들이!

¡Qué hermosa es la chica! 참으로 아름답구나 여자애가!

¡Qué egoísta eres tú! 참으로 이기적이구나 너는!

③ 양적인 것에 대한 감탄문

¡Cuánto me alegro! 얼마나 기쁜지!

¡Cuánta gente! 얼마나 많은 사람들인가!

¡Cuántas preguntas! 얼마나 많은 질문들인가!

④ qué + 명사

¡Qué calor...! 웬 더위인가!

¡Qué casualidad! 이게 무슨 우연이람!

¡Qué maravilla! 참으로 놀라운 일이야!

더 말해줄게…

calor 더위 | **casualidad**(f) 우연 | **maravilla** 경이, 놀라운 일, 불가사의 | **maravilloso** 굉장한 (wonderful)

1 다음을 스페인어로 작문하세요.

① 나는 그가 게으르다고 생각하지 않는다.

____

② 아이들은 내일 비가 오지 않기를 바란다.

____

③ 우리가 지금 출발하는 게 중요하다. * salir 나가다, 출발하다

____

④ 아마 여기 근처에 시장이 하나 있을 거다. * cerca de ~가까이에, mercado 시장

____

⑤ 선생님은 다니엘이 그에게 사전 한 권을 가져오기를 원한다.

____

2 다음 문장의 괄호 안 동사를 어법에 맞게 현재형으로 변화시키세요.

① Deseamos que ustedes (tener) un feliz viaje. * feliz 행복한, viaje 여행
② Ojalá él (ganar) la carrera. * carrera 경주, ganar 이기다, 벌다
③ Es verdad que Pedro (levantarse) siempre a las seis y media de la mañana.
④ No creemos que los niños (hacer) los deberes en casa.
⑤ Es natural que vosotros (quejarse) de los vecinos. * vecino 이웃 사람

1 정답 ① No creo que él sea perezoso. ② Los niños esperan que no llueva mañana. ③ Es importante que salgamos ahora. ④ Quizá haya un mercado cerca de aquí. ⑤ El profesor quiere que Daniel le traiga un diccionario.

2 정답 ① tengan ② gane ③ se levanta(직설법 현재) ④ hagan ⑤ os quejéis

1. 부정과거
2. 불완료과거

과거시제는 부정과거와 불완료과거 두 종류가 있다. 용어상의 낯설음으로 어렵게 생각하지 말고 예시문을 통해서 조금씩 개념을 이해하고 향후 계속 공부해 가면서 숙달하도록 한다.

1. 부정과거

① 부정과거를 만드는 방법은 다음과 같다

cantar 노래하다

canté	cantamos
cantaste	cantasteis
cantó	cantaron

beber 마시다

bebí	bebimos
bebiste	bebisteis
bebió	bebieron

escribir 쓰다, 편지하다

escribí	escribimos
escribiste	escribisteis
escribió	escribieron

다음 동사들은 불규칙 변화한다.

ser ~이다	fui fuiste fue fuimos fuisteis fueron
ir 가다	fui fuiste fue fuimos fuisteis fueron (상동)
venir 오다	vine viniste vino vinimos vinisteis vinieron
tener 가지고 있다	tuve tuviste tuvo tuvimos tuvisteis tuvieron
estar ~가 ~에 있다, 상태가 ~하다	estuve estuviste estuvo estuvimos estuvisteis estuvieron
andar 걷다	anduve anduviste anduvo anduvimos anduvisteis anduvieron
poner 놓다	puse pusiste puso pusimos pusisteis pusieron
poder ~할 수 있다	pude pudiste pudo pudimos pudisteis pudieron
saber 알다	supe supiste supo supimos supisteis supieron
hacer 하다, 만들다	hice hiciste hizo hicimos hicisteis hicieron
querer 사랑하다, 원하다, ~하고 싶다	quise quisiste quiso quisimos quisisteis quisieron
traer 가지고 오다	traje trajiste trajo trajimos trajisteis trajeron
decir 말하다	dije dijiste dijo dijimos dijisteis dijeron
leer 읽다	leí leíste leyó leímos leísteis leyeron
oír 듣다	oí oíste oyó oímos oísteis oyeron
dar 주다	di diste dio dimos disteis dieron
seguir 계속하다, 따라가다	seguí seguiste siguió seguimos seguisteis siguieron
pedir 요구하다, 주문하다	pedí pediste pidió pedimos pedisteis pidieron
reír 웃다	reí reíste rió reímos reísteis rieron
repetir 반복하다	repetí repetiste repitió repetimos repetisteis repitieron
sentir 느끼다	sentí sentiste sintió sentimos sentisteis sintieron
dormir 자다	dormí dormiste durmió dormimos dormisteis durmieron
servir 섬기다	serví serviste sirvió servimos servisteis sirvieron
morir 죽다	morí moriste murió morimos moristeis murieron
mentir 거짓말을 하다	mentí mentiste mintió mentimos mentisteis mintieron

pagar 지불하다	pagué pagaste pagó pagamos pagasteis pagaron
llegar 도착하다	llegué llegaste llegó llegamos llegasteis llegaron
tocar 연주하다, 만지다, 당첨되다	toqué tocaste tocó tocamos tocasteis tocaron
buscar 찾아보다	busqué buscaste buscó buscamos buscasteis buscaron
comenzar 시작하다	comencé comenzaste comenzó comenzamos comenzasteis comenzaron
empezar 시작하다	empecé empezaste empezó empezamos empezasteis empezaron
haber ~가 있다 (완료시제 조동사)	hube hubiste hubo hubimos hubisteis hubieron
* **ver** 보다	vi viste vio vimos visteis vieron

② 용법

과거의 한 시점에 발생한 사건을 말할 때.

¿A quién saludaste en la esquina? 모퉁이에서 너는 누구한테 인사를 했니?

Ella me llamó a medianoche. 그녀는 자정에 나한테 전화했다.

Cristóbal Colón descubrió América en el año 1492.
크리스토발 콜롬부스는 1492년에 아메리카를 발견했다.

José me regaló estas flores. 호세는 나에게 이 꽃들을 선물했다.

¿A qué hora volvisteis a casa? 몇 시에 너희들은 집에 돌아왔니?

El ladrón nos dijo la verdad. 그 도둑은 우리에게 사실을 말했다.

¿Qué hiciste ayer? 어제 너는 무엇을 했니?

Ayer estudié español. 나는 어제 스페인어를 공부했다.

Ayer me rompí el brazo. 어제 팔이 부러졌다.

더 말해줄게…

a quién 누구를 | **saludar** 인사하다 | **descubrir** 발견하다 | **ladrón**(m) 도둑 | **ayer** 어제 | **romper** 깨다, 부수다, 찢다 | **romperse + (신체 부위)** ~가 부러지다 | **brazo** 팔

과거의 특정 기간에 발생한 사실을 언급할 때.

Viví cuatro años en Grecia. 나는 4년간 그리스에서 살았다.

Ellos pasaron las vacaciones en un pueblo tranquilo. 그들은 휴가를 한 평온한 마을에서 보냈다.

Estuvimos dos horas en casa del profesor. 우리는 선생님의 집에서 두 시간 있었다.

Este imperio duró más de cuatro siglos. 이 제국은 4세기 넘게 지속되었다.

No pude estirar las piernas durante tres horas. 나는 세 시간 동안 다리를 뻗을 수 없었다.

더 말해줄게…

pasar 보내다, 발생하다 | **pueblo** 마을, 국민, 민족 | **tranquilo** 평온한 | **imperio** 제국 | **durar** 지속되다 | **más de** ~보다 많이 | **estirar** 뻗다 | **pierna** 다리 | **durante** ~동안 (during)

끝남을 알 수 있는 경우

Trabajé en esa empresa hasta el año 2005. 나는 2005년까지 그 회사에서 근무했다.

Esta situación duró hasta la muerte del dictador. 이 상황은 독재자가 죽었을 때까지 지속되었다.

더 말해줄게…

muerte(f) 죽음 | **dictador** 독재자

2. 불완료과거

① 만드는 방법

cantar 노래하다

cantaba	cantábamos
cantabas	cantabais
cantaba	cantaban

beber 마시다

bebía	bebíamos
bebías	bebíais
bebía	bebían

escribir 쓰다, 편지하다

escribía	escribíamos
escribías	escribíais
escribía	escribían

다음 동사들은 불규칙 변화한다.

ser	era eras era éramos erais eran
ir	iba ibas iba íbamos ibais iban
ver	veía veías veía veíamos veíais veían

② 용법

과거 당시 상황이나 행위의 계속성 기술

Antes yo vivía en el campo. 나는 전에 시골에서 살았다.

Cuando yo era pequeño, nevaba mucho en mi pueblo.
내가 어렸을 때는, 마을에서 눈이 많이 내렸다.

Antes yo enseñaba portugués. 전에 나는 포르투갈어를 가르쳤다.

Había una fábrica allí. Ahora en su lugar hay un supermercado.
저기에 공장이 하나 있었지. 지금 그 자리에 슈퍼마켓이 하나 있네.

Mi marido estaba sentado en una silla. 내 남편은 의자에 앉아 있는 상태였다. (의자에 앉아 있었다.)

과거 습관

Antes me gustaba el café. 전에 나는 커피를 좋아했다.

Cuando yo era niña, los sábados mi madre me preparaba esa comida.
내가 어린애였을 때는 어머니가 토요일마다 그 음식을 내게 준비해 주시곤 하셨지.

José nos invitaba a una copa a veces. 가끔 호세는 우리를 초대해 술 한 잔 사 주곤 했다.

Antes ibas a la librería a leer. 전에 너는 책을 읽으러 그 서점에 가곤 했지.

Ibas a la escuela a pie. 너는 걸어서 학교에 가곤 했잖아.

행위의 계속성이 보이는 과거 진행형

Luisito veía la televisión cuando su abuelo llamó a la puerta.
할아버지가 문을 노크했을(부정과거) 때 루이스는 TV를 보고 있었다(불완료과거).

Cuando sonó el teléfono, mi esposa sacaba fotos en el patio.
전화가 울렸을(부정과거) 때 내 아내는 안뜰에서 사진을 찍고 있었다(불완료과거).

Pedro estudiaba cuando sus amigos tocaron el timbre.
뻬드로는 친구들이 초인종을 눌렀을 때 공부하고 있었다.

Íbamos a salir cuando tú nos llamaste.
네가 우리한테 전화했을 때 우리는 나가려고 했다.

더 말해줄게…

enseñar 가르치다 | **fábrica** 공장 | **lugar** 장소 (place) | **gustar** ~에게 즐거움을 주다 | **invitar a** ~에 초대하다 | **copa** 잔 | **pie** 발 | **a pie** 걸어서 | **puerta** 문 | **llamar a la puerta** 문을 노크하다 | **sonar** 울리다 | **esposa** 아내 | **timbre**(m) 초인종 | **iba a inf.** ~하려고 했다 ※ me gusta el café 커피가 나에게 즐거움을 주다 → 나는 커피를 좋아해

나이와 시간은 불완료과거 시제를 사용한다.

Yo lo conocí cuando tenía 28 años. 나는 28살(불완료과거) 때 그를 알았다 (부정과거).

Era la una cuando ocurrió esto. 이것이 발생했을(부정과거) 때는 1시였다 (불완료과거).

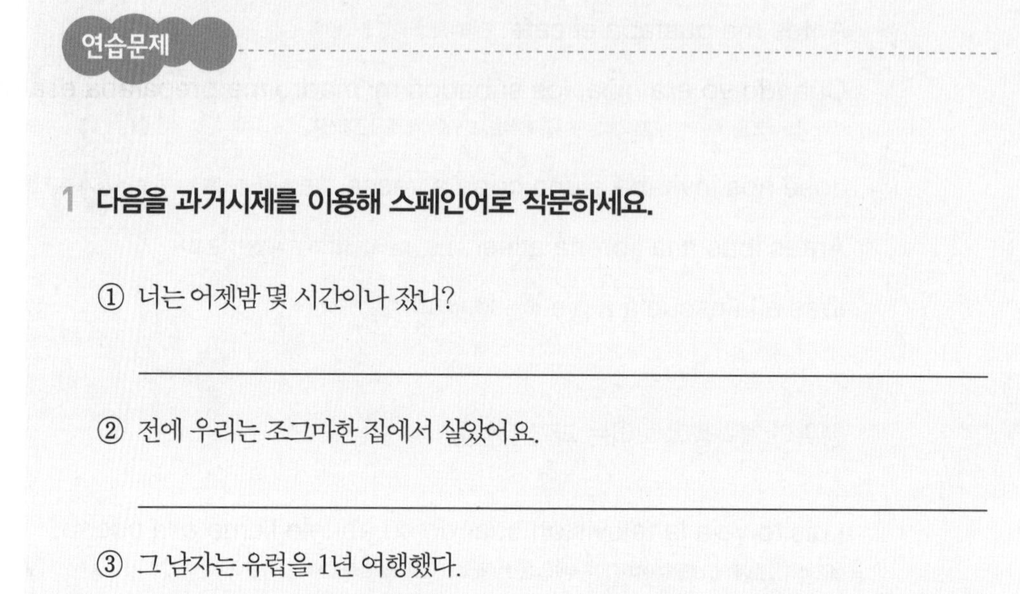

연습문제

1 다음을 과거시제를 이용해 스페인어로 작문하세요.

① 너는 어젯밤 몇 시간이나 잤니?

____

② 전에 우리는 조그마한 집에서 살았어요.

____

③ 그 남자는 유럽을 1년 여행했다.

____

④ 그들은 저 집에서 4년을 살았다.

____

⑤ 어제 어디 갔었니?

____

1 정답 ① ¿Cuántas horas dormiste anoche? ② Antes vivíamos en una casa pequeña. ③ Él viajó un año por Europa. ④ Ellos vivieron cuatro años en aquella casa. ⑤ ¿A dónde fuiste ayer?

2 다음을 스페인어로 작문하세요.

① 나는 3년 전에 그를 알았다. * 3년 전에 hace tres años

② 그 여자는 이미 나를 알고 있다고 말했다.

③ 작년에 여기에서 교통사고가 있었니 (haber)?

④ 배우들이 영화관에 들어갔을 때 그 곳에 많은 기자들이 있었다 (= 있는 상태였다).

⑤ 어젯밤 당신들은 누구들과 술을 마셨나요?

2 정답 ① Yo lo conocí hace tres años. ② Ella me dijo que ya me conocía. ③ ¿Hubo un accidente de tráfico aquí el año pasado? * there is/are = hay, there was = hubo (haber 동사 3인칭 단수들이다.) ④ Cuando los actores entraron en el cine / al cine, había ahí muchos periodistas ⑤ ¿Con quiénes bebieron ustedes anoche?

1. 명령법
2. 긍정어와 부정어

1. 명령법

① tú에 대한 긍정명령

'너 ~ 해라'라는 명령은 직설법 현재 3인칭 단수를 사용한다.

Mira. 봐라!

Abre la ventana. 창문을 열어라.

Llama a María. 마리아한테 전화해라.

Apaga la luz. 불을 꺼라.

Bebe leche. 우유를 마셔라.

다음 동사들은 tú 긍정명령 시 위 공식대로 하지 않고 따로 형태가 있다.

decir	→	di
hacer	→	haz
salir	→	sal
tener	→	ten
venir	→	ven
poner	→	pon
ir	→	ve
ser	→	sé

Haz los deberes. 너는 숙제를 해라.

Ten paciencia. 참아라. (인내심을 가져라)

Ven aquí. 이리 와.

Pon la radio. 라디오를 켜라.

Elena, sé buena. 엘레나, 착하게 굴어라.

② tú에 대한 부정명령

접속법 현재 2인칭 단수를 사용하면 된다.

¡No trabajes! 일하지 마.

¡No comas caramelos! 사탕들을 먹지 마.

¡No toques el piano! 피아노를 치지 마.

No hagas ruido. Tengo que estudiar. 시끄럽게 하지 마. 난 공부를 해야 해.

No seas malo. 못되게 굴지 마.

③ usted, ustedes 긍정 및 부정 명령

모두 접속법을 사용한다.

Pague la cuenta. 계산서를 지불하세요.

No compre el periódico. 신문을 사지 마세요.

Usen ese teléfono. 그 전화를 (당신들이) 사용하세요.

No trabajen demasiado. 당신들, 지나치게 일하지 마세요.

Hable en voz baja, por favor. 작게 말하세요.

더 말해줄게…

pague 지불하다 (pagar) 접속법 현재 (pague pagues pague paguemos paguéis paguen) | **usar** 사용하다 | **demasiado** 너무 많은, 지나치게 | **voz**(f) 목소리 | **bajo** 낮은, 키가 작은 | **en voz baja** 작은 목소리로 | **por favor** 제발, 부디

④ vosotros 긍정명령

동사원형의 r을 떼고 d를 붙인다.

Tomad una aspirina. 너희들 아스피린 하나 먹어라.

Leed el periódico. 너희들 신문 읽거라.

Cruzad la calle. 거리를 건너라들.

Proteged la naturaleza. 너희들은 자연을 보호해라.

더 말해줄게…

tomar 취하다, ~ 먹다, ~ 마시다 | **cruzar** 건너다 | **proteger** 보호하다 | **naturaleza** 자연

⑤ vosotros 부정명령

접속법 2인칭 복수형 그대로 사용한다.

No salgáis de casa tan temprano. 너희들 그렇게 일찍 집에서 나가지 마라.

No cerréis la puerta. La casa está llena de olor a pescado.
너희들 문을 닫지 마라. 집이 생선 냄새로 차 있다.

No estudiéis hasta muy tarde. 너희들 매우 늦게까지 공부하지 마라.

더 말해줄게…

tan 그렇게 (뒤에 항상 형용사나 부사가 있어야 한다) | **lleno de** ~로 가득한 * estoy lleno 난 배부르다 | **olor a** ~ 냄새 | **pescado** 생선

⑥ nosotros 긍정 및 부정 명령

접속법 1인칭 복수형 그대로 사용한다.

Hablemos despacio. 우리 천천히 말하자.

Estudiemos juntos en el colegio. 우리 함께 학교에서 공부하자.

Vayamos. (Vamos) 가자. (Vamos로 많이 사용)

⑦ 명령법에서 대명사의 위치

긍정명령 시 간접 · 직접 목적대명사는 동사 뒤에 붙고 부정명령 시에는 동사 앞에 위치한다. 물론 간－목과 직－목이 동시에 오는 경우 간－목이 먼저 위치한다.

Hazlo. 그것을 해라.

No lo hagas. 그것을 하지 마라.

Pásame la sal. 나에게 소금을 건네줘.

¡No me la pases! 나에게 그것을 건네주지 마.

* Bésame. 나에게 키스해 다오. (besar는 타동사임. me = 나를)

⑧ 재귀동사의 명령법

긍정명령 시 재귀대명사 se는 동사 뒤에 붙이고 부정이면 동사 앞에 놓인다. vosotros 긍정명령 시 os가 동사 뒤에 붙으면 d는 탈락, nosotros 긍정명령 시 nos가 뒤에 붙으면 s가 탈락된다. 각각의 경우 강세유지를 위해 액센트 표시를 해 주어야 한다. (본 과의 보충학습편 참조)

levantarse 일어나다

1.	Levantémonos (No nos levantemos)
2. Levántate (No te levantes)	Levantaos (No os levantéis)
3. Levántese (No se levante)	Levántense (No se levanten)

Juan, levántate temprano. 환, 일찍 일어나라.

No se levante, señor. Tiene mucha fiebre. 일어나지 마세요, 선생님. 열이 많습니다.

¡Conócete a ti mismo! 너 자신을 알라!

ponerse el abrigo 외투를 입다

1.	Pongámonos el abrigo (No nos pongamos el abrigo)
2. Ponte el abrigo (No te pongas el abrigo)	Poneos el abrigo (No os pongáis el abrigo)
3. Póngase el abrigo (No se ponga el abrigo)	Pónganse el abrigo (No se pongan el abrigo)

Ponte el abrigo. 외투를 입어라.

Póntelo. Hace mucho frío. 그것을 입어라. 날씨가 몹시 춥다.

재귀대명사와 다른 목적대명사가 올 경우 재귀대명사가 먼저 위치한다.

irse (떠나)가다, 가버리다

1.	Vámonos (No nos vayamos)
2. Vete (No te vayas)	Idos (No os vayáis)
3. Váyase (No se vaya)	Váyanse (No se vayan)

* idos에서는 예외적으로 d가 탈락되지 않음.

* 예외적으로 nosotros 긍정명령 시 직설법을 사용한다.

Vete a Correos. 우체국으로 가거라.

No te vayas. (떠나) 가지 마라.

2. 긍정어와 부정어

스페인어에서는 부정문은 부정어를 긍정문은 긍정어로 문장이 이루어진다. 부정어는 동사 뒤로 가는 경우 동사 앞에 no를 사용해야 한다.

① algo 어떤 것 ⟷ nada 아무것도

Hay algo debajo de la mesa. 탁자 아래에 뭔가 있다.

No hay nada sobre la mesa. 탁자 위에 아무것도 없다.

¿Has oído algo a lo lejos? 멀리서 뭔가 들은 거야?

No he oído nada. 아무것도 듣지 않았는데.

더 말해줄게…

oído 듣다 (oír) 과거분사 | **a lo lejos** 멀리서

② alguien 누군가 ⟷ nadie 아무도

Alguien me lo preguntó. 누군가 나에게 그것을 물었다.

Nadie me lo dice. = No me lo dice nadie. 아무도 나에게 그것을 말하지 않는다.

Alguien se lo dijo a mi compañero de clase. 누군가 (그에게) 그것을 나의 급우에게 말했다.

더 말해줄게…

preguntar 질문하다 | **compañero** 동료

③ alguno 어떤 (사람, 사물) ⟷ ninguno 아무런 (사람, 사물)

둘 다 뒤에 남성 단수 명사가 오는 경우 어미가 탈락하면서 algún, ningún으로 바뀐다.

Si tienes algún problema, me lo dices. 만일 어떤 문제가 있으면, 너 내게 그것을 말하는 거야.

No tengo ningún problema. 나는 어떤 문제도 없다.

Tengo algunos amigos españoles. 나는 얼마간의 스페인 친구들이 있다.

No tengo ninguna revista española. 나는 스페인 잡지가 하나도 없다.

¿Hay alguna botella en la cocina? 부엌에 어떤 병이 있니?

Sí, hay algunas (botellas). 네, 얼마간의 것들이 있어요.

No, no hay ninguna (botella). 아니요, 하나도 없어요.

¿Hay algún periódico? 어떤 신문이 있니?

Sí, hay algunos (periódicos). 응, 얼마간의 것들이 있어.

No, no hay ninguno. 아니, 하나도 없어.

Algún día te invitaré a una copa. 언젠가 술 한잔 살게. (invitaré는 미래시제임)

Algunos de ellos me contestan. 그들 중 일부가 나한테 대답한다.

Ninguna de ellas lo sabía. = No lo sabía ninguna de ellas.
그녀들 중에 아무도 그것을 알고 있지 않았다.

④ también 또한 ⟷ tampoco 또한 ~ 아니다

Tampoco entiendo. = No entiendo tampoco. 나도 이해를 못 한다.

Mi compañero de cuarto también tiene un coche. 내 룸메이트도 차를 한 대 가지고 있다.

⑤ nunca, jamás 결코 ~가 아니다

Nunca le he mentido a María. 나는 (그녀에게) 마리아에게 거짓말을 한 적이 없다.

No le he mentido nunca.

Jamás volvió a suceder esto. 결코 이것이 다시 발생하지 않았다.

Esto no volvió a suceder jamás.

더 말해줄게…

si 만일 ~이면 | **mentir** 거짓말하다 | **volver a inf.** 다시 ~하다 | **suceder** 발생하다, 계승하다, 잇따르다

⑥ ni는 부정문에서 '또는', '~도'의 뜻으로 사용되고 부정을 강조하여 '~조차도 아니다'라는 문형에 사용된다.

Pedro come queso y mantequilla. 뻬드로는 치즈와 버터를 먹는다.

No come (ni) queso ni mantequilla. 그는 치즈도 버터도 먹지 않는다. (괄호 안의 ni는 생략 가능)

No tengo ni idea. 모르겠네.

Mi hija no sabe ni pegar un botón. 내 딸은 단추 하나 달 줄도 모른단다.

더 말해줄게…

queso 치즈 | **mantequilla** 버터 | **pegar** 붙이다, (타격을) 가하다

보충 학습

1. 강세

불규칙한 강세가 있는 단어가 있다.

árbol	나무
melancólico	우울한
antropólogo	인류학자
sandía	수박

그 외의 경우는 다음과 같이 강세가 주어진다.

① n, s를 제외한 자음으로 끝난 경우 마지막 음절에 강세가 주어짐.
profes**or** universid**ad** estudi**ar**

② n, s를 포함한 모음으로 끝난 경우 끝에서 두번 째 음절에 강세가 있음.
estudi**a**nte abu**e**lo **a**rma j**o**ven vi**e**rnes

③ 명사가 단수에서 복수로 바뀌면서 나타나는 강세부호 변화.
다음 단어들은 복수가 되면 강세부호가 없어도 그 음절에 강세가 주어지므로 강세부호가 없어진다.

la estación	계절 / 역	estaciones
la lección	과 / 교훈	lecciones

어떤 단어들은 복수가 되면 강세 표시를 해 주어야 본래 그 자리에 강세가 유지된다.

joven	젊은(이)	jóvenes
un examen	시험	exámenes
la imagen	이미지	imágenes

일부 단어들은 단복수의 경우 강세 위치가 달라지기도 한다.

régimen	체제 / 다이어트	regímenes
carácter	성격	caracteres

④ 긍정명령 시 혹은 동사원형이나 현재분사에 재귀대명사나 목적대명사가 붙는 경우 강세 위치를 그대로 유지하기 위해 표시를 해 주어야 할 때가 많다.

di	Dímelo.
levanta	Levántate.
ponga la radio.	Póngala.
pon	Póntelo.
vaya	Váyase
estoy lavando una camisa. * lavando : 동사 lavar의 현재분사	Estoy lavándola.
Voy a leerte un libro de cuentos. * cuento 이야기, cuenta 계산서	Voy a leértelo.

⑤ güe와 güi는 각각 [구에]와 [구이]로 발음된다.

vergüenza [베르구엔사]	부끄럼

2. 모음

① 강모음 : a, e, o

② 약모음 : i, u

③ 이중모음 : (<u>강모음</u> + 약모음), (약모음 + <u>강모음</u>), (약모음 + <u>약모음</u>)

이중모음은 모음 하나로 간주되며 이중모음이 있는 음절에 강세가 있는 경우 위의 밑줄 친 모음에 강세가 있다. (예) es-tu-di<u>a</u>n-te

④ 강모음은 연속되어 있는 경우 각각 다른 음절로 분리되며 불규칙하게 강세를 가진 단어들 중에서 약모음에 강세부호가 찍혀 있는 경우에도 강모음과 연결된 경우 분리된다. (예) á-re-a (지역), tí-o (삼촌)

⑤ 삼중모음 : (약모음 + 강모음 + 약모음) * 이중모음처럼 모음 하나로 간주된다.

3. 명사

① o로 끝나면 보통 남성명사이고 a로 끝나면 대개 여성명사이지만 그렇지 않은 경우도 있다.

la mano	손	el programa	프로그램
el día	날, 낮	el idioma	언어
la foto	사진	el problema	문제
el mapa	지도	el clima	기후

② 남녀 형태가 똑같고 단지 관사를 통해 구분을 하는 단어도 있다.

el/la turista (관광객)
el/la estudiante (학생)
un/una pianista (피아니스트)
un/una joven (젊은이)

③ 자음으로 끝난 명사에 a를 첨가하면 여성형 명사가 된다.

profesor / profesora (선생님)
escritor / escritora (작가)
dormilón / dormilona (잠꾸러기)

④ 보통 o와 e로 끝난 경우 s를 붙이면 복수가 되고 자음으로 끝난 경우 es를 첨가한다. z로 끝난 경우 c로 바뀌면서 es가 붙는다.

el libro	책	los libros
un reloj	시계	unos relojes
un lápiz	연필	unos lápices
la luz	빛	las luces

⑤ 성에 따라 뜻이 다른 명사들도 있다.

el orden 질서, 순서 / la orden 명령

el pez 물고기 / la pez 송진

⑥ 성에 따라 형태가 다른 명사들이 있다.

el actor 남자 배우 / la actriz 여배우

4. 관사

① a나 ha로 시작되는 여성명사에서 발음할 때 그 a에 강세가 주어지는 경우 남성 정관사를 사용하고 복수인 경우 las를 사용한다. 부정관사도 마찬가지다.

El agua está caliente. 물이 뜨겁다.

El águila va a volar. 독수리가 날 것이다.

La policía encontró el arma. 경찰이 그 무기를 발견했다.

Lo siento con toda el alma. 진정 미안해요.

Tengo mucha hambre. 몹시 배고프다.

Tengo un hambre feroz. 몹시 배고프다.

더 말해줄게…

caliente 뜨거운 | **águila**(f) 독수리 | **volar** 날다 | **encontrar** 발견하다, 구하다, 찾다 | **el arma** 무기 * las armas(pl) | **sentir** 느끼다, 유감이다 | **alma**(f) 영혼 | **hambre**(f) 배고픔 | **feroz** 사나운

CAPÍTULO 12
문법편

1. 미래시제
2. 가능법

1. 미래시제 (영어 will)

① 미래시제 만드는 방법

ar, er, ir 동사원형에 아래 어미를 붙이면 된다.

어미

é	emos
ás	éis
á	án

vivir

viviré	viviremos
vivirás	viviréis
vivirá	vivirán

다음 동사들은 불규칙 변화를 한다.

decir 말하다	diré dirás dirá diremos diréis dirán
hacer 하다, 만들다	haré harás hará haremos haréis harán
venir 오다	vendré vendrás vendrá vendremos vendréis vendrán
tener 가지고 있다	tendré tendrás tendrá tendremos tendréis tendrán
poner 놓다	pondré pondrás pondrá pondremos pondréis pondrán
salir 나가다, 출발하다	saldré saldrás saldrá saldremos saldréis saldrán
valer 가치가 있다	valdré valdrás valdrá valdremos valdréis valdrán
poder ~할 수 있다	podré podrás podrá podremos podréis podrán
saber 알다	sabré sabrás sabrá sabremos sabréis sabrán
querer 사랑하다, 원하다, ~하고 싶다	querré querrás querrá querremos querréis querrán
haber 완료시제 조동사, ~가 있다	habré habrás habrá habremos habréis habrán
caber 들어갈 수 있다	cabré cabrás cabrá cabremos cabréis cabrán

② 용법

Yo llegaré a tiempo. 나는 제 시간에 도착할 것이다.

¿Lo repararán los mecánicos? 기계공들이 그것을 수리할까?

Juan dice que estudiará con ahínco. 환은 열심히 공부할 것이라고 말한다.

Juan saldrá de casa a las dos de la madrugada. 환은 새벽 2시에 집에서 나갈 것이다.

Si mañana hace mucho frío, ¿qué ropa te pondrás?
만일 내일 날씨가 많이 추우면 너는 무슨 옷을 입을래?

Me casaré con ella el mes que viene. 나는 다음 달에 그녀와 결혼할 것이다.

Hay una carta para usted. 당신에게 온 편지가 한 통 있어요. * hay = there is / are

Habrá una conferencia sobre el Imperio Romano. 로마제국에 관한 강연이 있을 것입니다.
* habrá = there will be

Jamás volveré a tener hambre. 결코 다시 굶주리지 않을 것이다.

Mañana será otro día. 내일은 다른 날이 될 것이다. (내일은 또 다른 태양이 떠오른다).

Serán las dos y cuarto. 2시 15분일 것이다.

¿Dónde estarán los niños? 아이들이 어디에 있을까?

Estarán en la biblioteca. 도서관에 있을 것이다.

더 말해줄게…

madrugada 새벽 | **ropa** 옷 | **el mes que viene** 다음달에 | **carta** 편지 | **conferencia** 강연, 회의, (장거리) 통화 | **imperio** 제국 | **romano** 로마의(인) | **volver a inf.** 다시 ~하다 | **biblioteca** 도서관

2. 가능법(would)

① 가능법 만드는 방법

ar, er, ir 동사원형에 아래 어미를 붙이면 된다.

어미

ía	íamos
ías	íais
ía	ían

vivir

viviría	viviríamos
vivirías	viviríais
viviría	vivirían

다음 동사들은 불규칙 변화를 한다.

decir 말하다	diría dirías diría diríamos diríais dirían
hacer 하다, 만들다	haría harías haría haríamos haríais harían
venir 오다	vendría vendrías vendría vendríamos vendríais vendrían
tener 가지고 있다	tendría tendrías tendría tendríamos tendríais tendrían
poner 놓다	pondría pondrías pondría pondríamos pondríais pondrían
salir 나가다, 출발하다	saldría saldrías saldría saldríamos saldríais saldrían
valer 가치가 있다	valdría valdrías valdría valdríamos valdríais valdrían
poder ~할 수 있다	podría podrías podría podríamos podríais podrían
saber 알다	sabría sabrías sabría sabríamos sabríais sabrían
querer 사랑하다, 원하다, ~하고 싶다	querría querrías querría querríamos querríais querrían
haber 완료시제 조동사, ~가 있다	habría habrías habría habríamos habríais habrían
caber 들어갈 수 있다	cabría cabrías cabría cabríamos cabríais cabrían

② 용법

과거에서 본 미래

Juan dijo que estudiaría mucho. 환은 열심히 공부할 것이라고 말했다.

Siempre decías que no ganarías nunca más de lo necesario.
너는 결코 필요한 것 넘게 벌지 않을 것이라고 항상 말하곤 했지.

Ignacio nos dijo que iría a la selva. 이그나시오는 밀림에 갈 것이라고 우리에게 말했다.

과거 사실 추측

Recuerdo que cuando los Juegos Olímpicos tuvieron lugar en mi país, yo tendría unos trece años. 올림픽경기가 나의 나라에서 개최되었을 때 나는 약 13살이었을 것으로 기억한다.

정중 · 가능성 · 바람 등의 완곡한 표현

¿Podría decirme por dónde se va al ayuntamiento?
어디로 해서 시청에 가는지 말해 주실 수 있는지요?

Me gustaría visitar Pekín, China. 나는 중국 북경을 방문했으면 한다.
* me gustaría는 영어의 I'd like to 에 해당한다.

Nos gustaría tomar el sol en la playa. 우리는 해변에서 일광욕을 했으면 한다.

더 말해줄게…

lo necesario 필요한 것(점) | **más** 더 (많이) (많은) | **selva** 밀림 | **recordar** 기억하다, 상기시키다 (recuerdo recuerdas recuerda recordamos recordáis recuerdan) | **juego** 게임 | **lugar** 장소 | **tener lugar** 개최되다, 발생하다 | **ayuntamiento** 시청 | **sol** 태양 | **luna** 달 | **tomar el sol** 일광욕하다 | **playa** 해변

1 다음을 스페인어로 작문하세요.

① 부탁 좀 하나 들어줄(hacer un favor) 수 있겠니?

____

② 그 여자는 돌아오겠다고 우리에게 약속했어(prometer).

____

③ 학생들이 열심히 공부하겠다고 말하네요.

____

④ 이번 주말에 스키 타러 갔으면 한다.

____

⑤ 펠리뻬와 아나는 내게 세계일주(dar la vuelta al mundo)를 할 것이라고 말하곤 했다.

____

1 정답 ① ¿Querrías hacerme un favor? ② Ella nos prometió que volvería. ③ Los alumnos dicen que estudiarán mucho. ④ Me gustaría ir a esquiar este fin de semana. ⑤ Felipe y Ana me decían que darían la vuelta al mundo.

2 다음 괄호 안의 동사를 미래시제로 바꾸세요.

① Mi amigo dice que la fiesta (ser) en casa de José.

* ser = tener lugar (개최되다, 발생하다), ocurrir (발생하다)

② Ella (hacer) un examen este otoño. * 시험치다 = hacer un examen

③ ¿Cuántas niñas (venir) al restaurante?

④ ¿Le dicen a Ud. que sus hijas (regresar) pronto?

⑤ La Copa del Mundo (celebrarse) en mi país dentro de dos años.

* 나의 나라에서 2년 뒤에 월드컵이 개최될 것이다.

* dentro de + 시간 = ~지나서 (in + 시간)

2 정답 ① será ② hará ③ vendrán ④ regresarán ⑤ se celebrará

1. 관계사
2. 현재 진행형

1. 관계사

① 관계대명사 que

가장 많이 사용한다. 선행사가 사람, 사물인 경우 사용한다. 선행사가 사람인 경우 주격, 직접목적격으로 받는 경우만 가능하다. 선행사가 사람인 경우의 예문은 다음과 같다.

El mendigo que pedía limosna aquí murió hace dos semanas.
여기서 구걸하던 거지가 2주 전에 죽었다.

El mendigo *que vimos ayer en la calle te espera en la puerta.
어제 거리에서 우리가 보았던 거지가 너를 문간에서 기다린다.

La chica que me hizo una pregunta es mi novia.
나에게 질문을 하나 한 여자애는 나의 애인이야.

La chica *que amo es habladora.
내가 사랑하는 여자애는 수다스럽다.

* que는 선행사 사람을 직접목적격으로 받아도 전치사 a는 사용하지 않는다.

더 말해줄게…

mendigo 거지 | **pedir limosna** 구걸하다 | **morir** 죽다 (부정과거 morí moriste murió morimos moristeis murieron) | **pregunta** 질문 | **novio/a** 애인, 신랑(신부), 약혼자 | **hablador/ra** 수다스러운, 수다쟁이 | **amigo/a** 친구

선행사가 사물인 경우의 예문은 다음과 같다.

Es muy entretenida la novela que me prestaste anteayer.
네가 내게 그저께 빌려준 소설책이 매우 재미있다.

¿Habrá muchos periodistas en la rueda de prensa que se celebrará esta tarde?
오늘 오후에 개최될 기자회견에 많은 기자들이 있을까?

Empezó a nevar el día (en) que la bruja llegó al pueblo.
그 마녀가 마을에 도착한 날에 눈이 내리기 시작했다.

No me gusta la forma en que tú me aconsejas.
네가 내게 충고하는 방식을 좋아하지 않는다.

더 말해줄게…

entretenido 재미있는 | **prestar** 빌려주다 | **anteayer** 그저께 | **habrá** there will be | **periodista**(m)(f) 기자 | **rueda** (자동차) 바퀴 | **prensa** 언론 | **rueda de prensa** 기자회견 | **celebrar** 개최하다, 축하하다 | **celebrarse** 개최되다 | **empezar a inf.** ~하기 시작하다 | **nevar** 눈이 내리다 | **bruja** 마녀, (여)마법사 | **gustar** ~에게 즐거움을 주다 | **forma** 형식, 형태 | **aconsejar** 충고하다 * me gusta el café 나는 커피를 좋아한다

② 관계대명사 quien

선행사가 사람인 경우 사용하고 선행사가 복수인 경우 quienes로 바뀐다. 선행사를 목적격으로 받는 경우 전치사 a를 사용하고 문장에 따라 다른 전치사와도 결합한다. 또한 선행사 없이 복합관계대명사로 사용할 수 있어 '~하는 사람'이라는 뜻을 갖는다.

La joven con quien habló usted ayer es hija del jefe.
당신이 어제 함께 말을 한 젊은 여자는 상사의 딸입니다.

El abogado a quien llamaste anoche estará aquí dentro de diez minutos.
어젯밤 네가 전화한 변호사는 10 분 후에 여기에 올 거야.

Las dependientas de quienes hablan los clientes son muy amables.
고객들이 말하는 그 여점원들은 매우 친절하다.

Mi yerno, quien vive en Sevilla, va a visitarnos pronto.
내 사위는 세비야에 사는데, 곧 우리를 방문할 것이다.

더 말해줄게…

abogado 변호사 | **dentro** 안에 | **dentro de** ~지나서(시간적 의미로 영어의 in에 해당) / ~ 안에 (공간적 의미) | **dependienta** 여점원 | **cliente** 고객 | **amable** 친절한 | **yerno** 사위

③ 관계대명사 el que

보통 전치사를 동반하는 경우에 쓰이며 선행사 성수에 따라 la que, las que, los que로 바뀐다. 복합관계대명사 기능이 있어 '~하는 사람(사물)'의 뜻으로 사용된다.

No puedo encontrar el cuchillo con el que suelo pelar frutas.
나는 내가 과일 깎을 때 곧잘 쓰는 칼을 찾을 수 없다.

¿Dónde trabaja la secretaria de la que me hablaste ayer?
네가 어제 내게 말한 그 비서가 어디에서 일하니?

Las muchachas a las que invito a almorzar viven cerca de la Universidad Nacional. 내가 점심 식사에 초대하는 소녀들은 국립대학교 근처에 산다.

Mi nieta, a la que quiero mucho, me regaló un libro de cocina el día de mi cumpleaños. 내가 무척 사랑하는 내 손녀가 나의 생일에 요리책을 한 권 선물해 주었단다.

¿Cómo se llama el que acaba de contestar (a) todas las preguntas?
모든 질문에 막 대답을 한 사람은 이름이 어떻게 되나요?

더 말해줄게…

cuchillo 칼, 나이프 | **soler inf.** 언제나 ~하곤 하다 (suelo sueles suele solemos soléis suelen) | **pelar** 껍질을 벗기다 | **invitar a** ~에 초대하다 | **cerca de** ~의 가까이에 | **el día de mi cumpleaños** 나의 생일날(에) | **acabar de inf.** 막 ~했다

④ 관계대명사 el cual

el que처럼 선행사 성수에 따라 los cuales, la cual, las cuales로 바뀐다. 복합관계대명사 기능은 없다.

La hija de Carlos, la cual está de vacaciones, regresará a casa dentro de una semana. 까를로스의 딸은 휴가 중인데, 1주일 지나서 집에 돌아올 거야.

¿Dónde ponen la película de la cual me hablaron ustedes ayer?
당신들이 어제 내게 말한 그 영화를 어디서 상영하나요?

Me gustaría regalarle a mi novia el libro del cual tú me hablaste ayer.
나는 네가 어제 내게 말한 그 책을 애인에게 선물했으면 한다.

Los jugadores de voleibol, a los cuales entrevisté ayer, se niegan a jugar el partido en el estadio Olímpico hoy.
내가 어제 인터뷰한 배구 선수들이 올림픽 경기장에서 오늘 경기 하기를 거부한다.

더 말해줄게…

estar de vacaciones 휴가 중이다 | **regresar** 돌아오다 | **semana** 주 | **película** 영화 | **jugador** 선수 (player) | **entrevistar** 인터뷰하다 | **voleibol** 배구 | **negar** 부인하다, 거부하다 (deny, refuse) (niego niegas niega negamos negáis niegan) | **negarse a inf.** ~하기를 거부하다 | **partido** 경기, 당 | **estadio** 경기장

⑤ 관계대명사 lo que, lo cual

선행사로 앞 문장 전체를 받는다. lo que는 또한 영어의 what(~하는 것)의 기능이 있다.

Aún hay mucha diferencia entre ricos y pobres, lo cual(lo que) es muy lamentable. 아직 빈부격차가 큰데, 이는 매우 한탄스럽다.

No entiendo lo que tú dices. 나는 네가 말하는 바를 이해하지 못한다.

Estoy de acuerdo con lo que ustedes dicen. 나는 당신들이 말씀하시는 것에 동의합니다.

더 말해줄게…

aún 아직 | **diferencia** 차이 | **los ricos** 부자들 | **pobre** 가난한, 불쌍한 | **los pobres** 가난한 사람들 | **lamentable** 한탄스러운 | **estar de acuerdo con** ~에 동의하다

관계대명사 앞에 쉼표가 없는 제한적 용법에서는 선행사를 주격으로 받은 경우 que를 사용한다.

El comediante que actúa en esta película era profesor de matemáticas.

(이 영화에서 연기하는 코메디언은 전에 수학 선생님이었어.)

⑥ 기타 관계사

cuando	when (영어)
donde	where
cuyo	whose
cuanto	~ 하는 모든 (사람, 것)

Mañana es cuando llega mi primo. 내일이 내 사촌이 도착하는 때다.

la zapatería donde trabaja. 그가 일하는 구두 가게.

El chófer, cuyo autobús chocó contra un árbol, es un hombre honrado.
나무와 부딪친 버스의 운전사는 정직한 남자다.

Ella me dio todos los libros que tenía. 그 여자는 내게 가지고 있던 모든 책을 주었다.
= Ella me dio cuantos libros tenía.

Tengo todo lo que deseo. 나는 원하는 모든 것을 가지고 있다.
= Tengo cuanto deseo.

더 말해줄게…

primo 사촌 * zapato 구두 | **zapatería** 구두 가게 | **chófer** 운전사 | **chocar** 충돌하다, 부딪치다 | **contra** ~에 반대하여, ~에 거슬러 (against) | **honrado** 정직한 | **desear** 원하다

2. 현재 진행형

① 현재분사

현재분사 만드는 방법은 다음과 같다.

estudiar 공부하다	estudiando	(studying)
comer 먹다	comiendo	(eating)
vivir 살다	viviendo	(living)

불규칙인 경우는 다음과 같다.

ir	가다	yendo
decir	말하다	diciendo
venir	오다	viniendo
poder	~할 수 있다	pudiendo
vestir	옷을 입히다	vistiendo
servir	섬기다	sirviendo
sentir	느끼다, 유감이다	sintiendo
dormir	자다	durmiendo
pedir	요구하다, 주문하다	pidiendo
morir	죽다	muriendo
leer	읽다	leyendo
traer	가져오다	trayendo
oír	듣다	oyendo

② 용법

estar + 현재분사 = 현재 진행형

Estoy cantando. 나는 노래하는 중이다.

¿Qué estás haciendo? 너는 무엇을 하고 있니?

Estamos leyendo el periódico. 우리는 신문을 읽고 있어.

Ella está leyendo una revista. 그녀는 잡지를 한 권 읽고 있다.

Mi mujer está hablando con el vecino de abajo. 내 아내는 아래층 이웃 사람과 말하는 중이다.

더 말해줄게…

mujer 여자, 아내 | **abajo** 아래에 ※ arriba 위에

seguir + 현재분사 = 계속 ~하다

ir + 현재분사 = (계속) ~해 가다

venir + 현재분사 = (계속) ~해 오다

Sigo pensando en mi bisabuelo. 나는 계속해서 증조부를 생각합니다.

El nivel de vida va mejorando. 생활수준이 향상되어 가고 있다.

Poco a poco los alumnos van entendiendo mejor la economía.
학생들은 조금씩 경제를 더 잘 이해해 간다.

La mayoría de los vecinos seguirán estudiándolo.
대부분의 이웃들이 계속해서 그것을 공부할 것이다.

더 말해줄게…

seguir 계속하다, 따라가다 (continue, follow) (sigo sigues sigue seguimos seguís siguen) | **bisabuelo** 증조부 | **nivel**(m) 수준 | **mejorar** 향상되다, 좋아지다, 개선하다 | **poco a poco** 조금씩 | **entender** 이해하다 | **mejor** 더 좋게(좋은) | **mayoría** 대부분

재귀대명사나 목적대명사는 현재분사 뒤에 붙거나 동사 앞에 위치할 수 있다.

Juan está viéndolo. 환은 그것을 보고 있다.

Juan lo está viendo.

Me estoy afeitando. 나는 면도하고 있다.

Estoy afeitándome.

* viendo와 afeitando를 읽을 때 강세위치가 대명사 첨가 후 바뀌는 것을 방지하기 위해 강세표시를 해 주어야 한다. → viéndolo / afeitándolo (11과 보충학습 참조)

현재분사는 성수변화를 하지 않으며 영어처럼 형용사적으로 쓰이는 경우는 제한적이다.

Las niñas están jugando con arena. 여자애들이 모래 장난을 하고 있습니다.

La Bella Durmiente del Bosque. 숲속의 잠자는 미녀

* sleeping에 해당하는 현재분사 durmiendo를 사용하지 않음

연습문제

1 다음을 스페인어로 작문하세요.

① 내가 어제 너에게 소개한 그 아가씨가 이 여행사에서 일한다.

② 저 분이랑 말하고 있는 비서가 너의 친구니?

③ 네가 내게 빌려준 노트북으로 지금 인터넷을 하고 있어.

④ 이게 당신이 지난주에 내게 말한 잡지입니까?

⑤ 너희들은 무엇에 대해 말하고 있니?

2 다음 밑줄 친 곳에 알맞은 관계사를 넣으세요.

① La mujer _______ esperaba en la acera llamó al taxista.
* acera 인도, 보도, taxista 택시 운전 기사

② Yo conozco al joven _______ trabaja de camarero en el bar.
* trabajar de camarero 웨이터로 일하다

③ Esta es la casa _______ nací. * nacer 태어나다

④ _______ _______ dice ella es mentira. * mentira 거짓말

⑤ Ella llegó a la ciudad _______ vivía su tía. * tía 고모, 이모, 숙모

1 정답 ① La chica que te presenté ayer trabaja en esta agencia de viajes. ② ¿Es tu amiga la secretaria que está hablando con aquel señor? ③ Estoy navegando por Internet con el ordenador portátil que me prestaste. ④ ¿Es esta la revista de la que(la cual) me habló Ud. la semana pasada? ⑤ ¿De qué estáis hablando?

2 정답 ① que ② que ③ donde ④ lo que ⑤ donde

CAPÍTULO 14
문법편

1. 현재완료와 과거완료
2. 미래완료와 가능법완료

1. 현재완료 / 과거완료

① 과거분사

과거분사 만드는 방법은 다음과 같다.

estudiar	estudiado
comer	comido
vivir	vivido

불규칙인 경우는 다음과 같다.

escribir	쓰다	escrito
abrir	열다	abierto
decir	말하다	dicho
romper	깨다, 찢다	roto
ver	보다	visto
poner	놓다	puesto
hacer	하다, 만들다	hecho
cubrir	덮다	cubierto
satisfacer	만족시키다	satisfecho
volver	돌아오(가)다	vuelto
devolver	되돌려주다	devuelto
describir	기술하다	descrito
morir	죽다	muerto
oír	듣다	oído

leer	읽다	leído
creer	믿다, 생각하다	creído

② 현재완료

haber 현재형 + 과거분사

he	hemos	
has	habéis	+ p.p.
ha, *hay	han	

* haber 동사는 현재형에서 3인칭 단수가 두 개가 있다. ha는 현재완료 시제 조동사로 쓰이고 hay는 ~가 있다 (there is, there are)로 사용한다.

Señor Kim, el tren ya ha salido. 김 선생님, 기차가 이미 출발했군요.

Hemos estado en la Ciudad de Panamá. 우리는 파나마시티에 가 본 적이 있다.

Todavía no han vuelto los viajeros. 여행자들이 아직 돌아오지 않은 상태입니다.

¡Aún no te has acostado! 너는 아직 잠자리에 들지 않았구나!

Ha habido muchos cambios en la política del país.
그 나라 정치에 많은 변화들이 있었네요.

La secretaria ha leído esas revistas. 비서가 그 잡지들을 읽어 놓았군요.

No he almorzado todavía. Tengo un hambre feroz.
나는 아직 점심을 먹지 않았어. 무척 배고프다.

Por fin, se ha solucionado todo. 마침내 모든 것이 해결되었군요.

더 말해줄게…

viajero 여행자 | **todavía / aún** 아직 | **ha habido** hay의 현재완료 | **cambio** 변화 | **política** 정치, 정책 | **fin** 끝 (end) | **feroz** 사나운 | **solucionar** 해결하다 | **solucionarse** 해결되다

* hay que inf. (사람들은) ~해야 한다

③ 과거완료

haber 불완료과거 + 과거분사

había	habíamos	
habías	habíais	+ p.p.
había	habían	

과거보다 앞선 시제이므로 대과거라고도 한다.

El tren ya había salido cuando llegué a la estación.
내가 역에 도착했을 때 기차는 벌써 출발한 상태였다.

Ella nos dijo que su hijo ya había hecho el examen de historia.
그녀는 우리에게 그녀 아들이 이미 역사 시험을 치렀다고 말했다.

Los padres de Carmen creían que ella había aprobado el examen de ingreso.
까르멘의 부모님은 그녀가 입학시험을 합격했다고 생각하고 있었다.

Me di cuenta de que esos chicos me habían engañado.
그 남자애들이 나를 속였다는 것을 깨달았다.

더 말해줄게…

salir 나가다, 출발하다 | **estación** 역, 계절 | **historia** 역사, 이야기 (history, story) | **creer** 믿다, 생각하다 (부정과거 creí creíste creyó creímos creísteis creyeron) | **aprobar** 합격하다, 승인하다 | **examen de ingreso** 입학시험 | **darse cuenta de que** ~라는 사실을 깨닫다 | **engañar** 속이다

2. 미래완료 / 가능법완료

① 미래완료 (will have p.p.)

haber 미래형 + 과거분사

habré	habremos	
habrás	habréis	+ p.p.
habrá	habrán	

Para el día 23 de agosto habrán acabado el puente.
(늦어도) 8월 23일까지는 (그들이) 다리 공사를 끝내 놓을 것입니다.

¿Dónde habré visto tu anillo de boda?
내가 너의 결혼반지를 어디서 보았을까?

더 말해줄게…

acabar 끝내다, 끝나다 | **anillo** 반지 | **boda** 결혼식 (wedding) | **23** veintitrés

② 가능법완료 (would have p.p.)

haber 가능법 + 과거분사

habría	habríamos	
habrías	habríais	+ p.p.
habría	habrían	

Pensábamos que José ya se habría marchado pero sin cerrar la puerta.
우리는 호세가 문을 닫지 않고 떠났을 것이라고 생각하고 있었다.

Sabíamos que el avión ya habría despegado a esa hora.
우리는 비행기가 이미 그 시간에 이륙했을 것이라고 알고 있었다.

더 말해줄게…

marcharse 떠나가다 | **despegar** 이륙하다 * aterrizar 착륙하다

연습문제

1 다음을 완료시제를 사용해 작문하세요.

① 너는 여기서 무엇을 한 거니?

____

② 이번 겨울에 어디 있었던 거니?

____

③ 그들은 내게 환영파티에 참석했다고 말했다.

____

④ 금년에 나는 바다에 한 번 갔다 왔다.

____

⑤ 비행기가 이미 착륙해 있을 거다.

____

1 정답 ① ¿Qué has hecho aquí? ② ¿Dónde has estado este invierno? ③ Ellos me dijeron que habían asistido a una fiesta de bienvenida. ④ Este año he ido al mar una vez. ⑤ El avión ya habrá aterrizado.

2 괄호 안의 동사를 알맞게 변화시킨 후 해석하세요.

① He (ir) al zoológico.

____

② Cuando la familia de López llegó al cine, (agotarse) las entradas.

____

③ La he (comer) con pan, queso, salsa de tomate y cebolla.

____

④ Creo que el cartero ya habrá (venir).

____

⑤ Juan dice que (mentir) cinco veces en su vida. Creo que dice mentiras otra vez.

____

2 정답 ① ido / 나는 동물원에 갔다 왔다.
② se habían agotado / 로페스 가족이 영화관에 도착했을 때 입장권이 다 떨어진 상태였다 (매진된 상태였다).
③ comido / 그것을 먹을 때 빵, 치즈, 토마토 케첩, 양파를 곁들였다.
④ venido / 우편 집배원이 벌써 왔을 거라고 생각한다.
⑤ ha mentido / 환은 자기 인생에서 다섯 번 거짓말한 적이 있다고 한다. 나는 그가 다시 거짓말한다고 생각해.

1. 비교법
2. 접속법(불완료) 과거

1. 비교법

① 우등비교는 más와 que를 사용한다

Yo soy más alto que Juan. 나는 환보다 더 키가 크다.

Esta mesa es más pesada que aquella. 이 탁자는 저것보다 더 무겁다.

Tu habitación está más limpia que la mía. 너의 방은 내 것보다 더 깨끗하다.

Sandra sabe más que su hermano. 산드라는 그녀의 동생보다 더 많이 안다.

A mi padre le gusta más el vino seco que el (vino) dulce.
나의 아버지는 스위트한 (와인)것보다 드라이한 와인을 더 좋아하신다.

Más puede la pluma que la espada. 문이 무보다 강하다. (펜이 칼보다 더 할 수 있다)

Juan tiene más libros que Ramón. 환은 라몬보다 더 많은 책들을 가지고 있다.

* el (vino) dulce : 괄호는 생략함

② 열등비교

La Sra. López es menos delgada que su hija.
로뻬스 부인은 딸보다 덜 말랐다.

Ana no es menos inteligente que su sobrino.
아나는 조카보다 덜 똑똑하지 않다.

Mis abuelos comen menos carne que nosotros los nietos.
나의 조부모님은 손주들인 우리보다 고기를 덜 드신다.

¡Ellos tienen menos tiempo que ustedes! 그들은 당신들보다 시간을 덜 갖고 있소!

Cada día Carlos estudia menos. 날이 갈수록 까를로스는 공부를 덜 한다.

더 말해줄게…

espada 검 | **delgado** 마른 | **abuelo** 할아버지 | **abuela** 할머니 | **cada día** 매일

③ 동등비교

tan	독립적 사용이 안 되며 뒤에 항상 형용사나 부사가 있어야 한다. (그렇게나)
tanto	뒤에 명사가 오는 경우 성수변화를 한다. (그렇게나 많이, 그렇게나 많은)
como	~처럼(as, like)

tan + 형용사 / 부사 + como

Mi tío corre tan rápido como Luis. 나의 삼촌은 루이스 만큼 빨리 뛴단다.

El chico es tan inteligente como ellos. 그 남자애는 그들만큼 그렇게나 똑똑해.

Mi sobrina no es tan tímida como parece. 나의 조카딸은 겉으로 보이는 것처럼 소심하지 않다.

더 말해줄게…

tío 삼촌 | **sobrino/a** 조카 | **tímido** 소심한, 부끄럼타는 | **parecer** ~으로 보인다, ~인 것 같다 (seem) (직설법 현재 parezco pareces parece parecemos parecéis parecen)

tanto + 명사 + como

El dueño de la tienda tiene tanto dinero como el joyero.
상점 주인은 그 보석 상인만큼 돈을 갖고 있다.

Ella tiene tantos libros como Juan.
그녀는 환만큼 책들을 갖고 있다.

No ha habido tantos clientes como el mes pasado.
지난달만큼 많은 고객들이 있지는 않았네요.

No hay tanta gente como la semana pasada.
지난주만큼 많은 사람들이 있지는 않다.

더 말해줄게…

dueño 주인 | **ha habido** hay의 현재완료 시제 (there has been, there have been) | **cliente** 고객 | **gente**(f) 사람들 | **la semana pasada** 지난주(에) ＊el fin de semana pasado 지난 주말에

tanto + como

En este país llueve tanto como en mi país. 이 나라에서는 내 나라만큼 비가 많이 오는구나.

Los estudiantes de primer año estudian tanto como los (estudiantes) de tercer año[혹은 tercero만 사용]. 1학년 학생들이 3학년들만큼 공부를 많이 하는군.

④ 생각하는 것보다 더 ~하다

비교 대상이 creer, suponer, parecer 같은 동사가 오는 절에 de lo que를 사용하는 문형도 있다.

El senador tiene más dinero de lo que crees.
그 상원 의원은 네가 생각하는 것보다 더 돈이 많다.

Esta máquina es más complicada de lo que parece.
이 기계는 겉으로 보이는 것보다 더 복잡하답니다.

⑤ 기타

bueno, bien의 비교급은 mejor이고 malo, mal의 비교급은 peor이다.

Este teléfono móvil es mejor que aquel. 이 휴대폰은 저것보다 더 좋다.

Nuestro equipo de baloncesto jugó peor que el (equipo) de Granada.
우리 농구팀은 그라나다 팀보다 더 못 싸웠다.

Juan canta mejor que yo. 환은 나보다 노래를 더 잘 부른다.

Este pescado huele peor que aquella sardina. 이 생선은 저 정어리보다 냄새가 더 안 좋아요.

Sería mejor viajar a China en avión. 비행기로 중국에 여행가는 것이 더 좋을 듯 한데요.

* sería mejor inf. = ~하는 편이 좋을 거다 (it would be better to inf.)

더 말해줄게…

teléfono móvil 휴대폰 | **equipo** 팀 | **baloncesto / básquetbol** 농구 | **oler** 냄새나다 | **sardina** 정어리 | **sería** ser 동사의 가능법 (영어 would) * mal 나쁘게, malo 나쁜

grande와 pequeño는 비교급이 두 가지다.

más grande	(크기) 더 큰	más pequeño	(크기) 더 작은
mayor	나이가 더 많은 더 큰	menor	나이가 더 어린 더 적은(작은)

Esta nevera es más grande que esa. 이 냉장고는 그것보다 더 크다.

La pelota de Juan es menos pequeña que la tuya. 환의 공은 너의 것보다 덜 작다.

Yo soy mayor que Pedro. 나는 뻬드로보다 나이가 많아.

Luis es tres años menor que Juan. 루이스는 환보다 3살 어리다.

Antes de ponerse a dieta hay que pensar en los alimentos saludables y de menor contenido calórico.
다이어트를 시작하기 전에 몸에 좋은 그리고 칼로리 내용물이 가장 적게 들어가는 음식물에 대해 생각해 봐야 한다.

더 말해줄게…

pelota 공 | **hay que inf.** (사람들은) ~해야 한다 | **pensar en** 영어 think about | **alimento** 식량, 음식 | **saludable** 몸에 좋은 | **contenido** 내용 | **calórico** 칼로리의 | **caloría** 칼로리 | **ponerse a dieta** 다이어트를 시작하다 * 축구공 balón(m) de fútbol

숫자가 오는 경우 más de / menos de를 사용한다.

El profesor Sánchez tiene más de cinco diccionarios.
산체스 선생님은 5개가 넘는 사전을 가지고 있다.

El aeropuerto está a menos de una hora de aquí en taxi.
공항이 여기에서 택시로 1시간 안 되는 거리에 있다.

* (예외) No tengo más que dos hijos. 난 자식이 단지 둘이다.

⑥ 최상급

최상급은 정관사를 사용하고 부정어를 이용하기도 한다.

Andrés es el mejor alumno de la clase. 안드레스는 반에서 제일 우수한 학생이다.

Esteban es el menor de la familia. 에스떼반은 가족 중 제일 나이가 어리다.

María es la más inteligente de la clase. 마리아는 반에서 제일 똑똑한 여자다.

El invierno es la estación que más me gusta, porque nací en diciembre.
겨울은 가장 내가 좋아하는 계절이다. 왜냐하면 내가 12월에 태어났기 때문이지.

⑦ 절대 최상급 ísimo

형용사 뒤에 ísimo를 붙이면서 상당한 강조를 하게 된다. 약간의 어미변화가 있기도 하다.

importante	*importantísimo (= muy importante)*	
fácil	*facilísimo (= muy fácil)*	
amable	*amabilísimo*	
rico	*riquísimo*	
largo	*larguísimo*	* *largo* 긴
feliz	*felicísimo*	

2. 접속법(불완료) 과거

접속법(불완료) 과거는 9과와 비교하면서 이해하면 된다. 주절의 내용이 과거에 발생한 것이기에 종속절에 접속법 과거를 사용했을 뿐이다. 9과를 다시 읽은 뒤에 공부하도록 한다.

① 접속법 과거 만드는 방법

부정과거 3인칭 복수형에서 어미 ron을 삭제하고 ra 혹은 se 형태를 붙이면 접속법 과거가 된다.

bailar 부정과거

bailé	bailamos
bailaste	bailasteis
bailó	bailaron

접속법 (불완료)과거

bailara	bailáramos
bailaras	bailarais
bailara	bailaran

comer 부정과거

comí	comimos
comiste	comisteis
comió	comieron

접속법 (불완료)과거

comiera	comiéramos
comieras	comierais
comiera	comieran

escribir 부정과거

escribí	escribimos
escribiste	escribisteis
escribió	escribieron

접속법 (불완료)과거

escribiera	escribiéramos
escribieras	escribierais
escribiera	escribieran

ser	fuera fueras fuera fuéramos fuerais fueran = fuese fueses fuese fuésemos fueseis fuesen
estar	estuviera estuvieras estuviera estuviéramos estuvierais estuvieran
ir	fuera fueras fuera fuéramos fuerais fueran
hacer	hiciera hicieras hiciera hiciéramos hicierais hicieran
venir	viniera vinieras viniera viniéramos vinierais vinieran
poner	pusiera pusieras pusiera pusiéramos pusierais pusieran
haber	hubiera hubieras hubiera hubiéramos hubierais hubieran
dormir	durmiera durmieras durmiera durmiéramos durmierais durmieran
querer	quisiera quisieras quisiera quisiéramos quisierais quisieran
seguir	siguiera siguieras siguiera siguiéramos siguierais siguieran

② 용법

주절에서 희망, 충고, 금지, 허락, 요청, 명령, 사역 동사가 사용되면 종속절은 접속법을 사용한다. 아래 예문들은 주절이 과거시제이므로 종속절도 시제일치하여 접속법 과거를 사용한다.

Yo quería que estudiaras conmigo. 나는 네가 나와 공부하기를 원하고 있었지.

Los campesinos esperaban que lloviera. 시골 사람들은 비가 오기를 바라고 있었다.

El jefe me aconsejó que buscara un buen abogado.
상사는 내게 좋은 변호사를 찾아보라고 충고했다.

Mi padre me prohibió que saliera después de las diez de la noche.
아버지는 내게 밤 10시 이후에 외출하는 것을 금지했다.

Juan me pidió que terminara el trabajo para el día 14 de noviembre.
환은 내게 (늦어도) 11월 14일까지는 그 일을 끝내라고 요구했다.

No te permitimos que nos hablaras en ese tono.
우리는 네게 그런 어조로 우리에게 말하라고 허락하지 않았다.

Él me dejó que lo hiciera despacio. 그는 내가 그것을 천천히 하게 해 주었다.

③ 주절의 동사가 부정된 경우나 부인, 부정의 동사가 사용된 경우

Creí que ella era mexicana. 나는 그녀가 멕시코인이라고 믿었다.

No creí que ella fuera mexicana. 나는 그녀가 멕시코인이라고 믿지 않았다.

Yo estaba seguro de que ella vendría. 나는 그녀가 올 것이라고 확신하고 있었다.

No estaba seguro de que ella viniera. 나는 그녀가 올 것이라는 것을 확신하지 못했다.

Dudamos que ella viniera. 우리는 그녀가 온다는 것을 의심했다.

Creí que ella vendría. 나는 그녀가 올 것이라고 생각했다.

No creí que ella viniera. 나는 그녀가 올 것이라고 생각하지 않았다.

④ 당위성, 가능, 불가능, 중요성, 감정 등의 주관적 가치판단이 작용하면서 que가 주어가 되는 무인칭 표현의 경우

Era necesario que Uds. ayudaran a los pobres.
당신들이 가난한 사람들을 도와주는 것은 필요한 일이었다.

Era importante que cooperáramos todos. 우리 모두가 협력하는 것이 중요한 일이었다.

No era cierto que ellos estuvieran enamorados. 그들이 사랑에 빠진 것이 확실하지 않았다.

No parecía que la situación fuera a cambiar. 상황이 바뀔 것처럼 보이지 않았다.

Era verdad que ella era muy rica. 그녀가 매우 부유하다는 것은 사실이었다. (직설법)

Era cierto que Juan y Carmen estaban enamorados.
환과 까르멘이 사랑에 빠진 것은 확실한 일이었다. (직설법)

⑤ 주절에서 감정의 단어가 사용되는 경우

Me alegré de verte. 너를 보는 것이 기뻤다.

Me alegré de que ella estuviera conmigo. 그녀가 나와 있다는 것이 기뻤다.

Yo temía que mi hijo perdiera el autobús. 나는 아들이 버스를 놓칠까봐 걱정하고 있었다.

Me preocupaba que él no tuviera éxito. 나는 그가 성공하지 못하는 것은 아닐까 걱정이었다.

Fue una lástima que no pudierais venir. 너희들이 올 수 없다는 것이 유감이었다.

연습문제

1 다음을 스페인어로 작문하세요.

① 금년에는 작년보다 더 덥다.

____

② 지금 환은 그 어느 때보다 더 많이 공부한다.

____

③ 그들은 메넨데스 (Menéndez) 씨가 유죄라는 것을 의심하고 있었다.

____

④ 우리는 그녀에게 많은 돈이 필요하다고 생각하지 않고 있었다. * hacer falta (에게) 필요하다

____

⑤ 네가 생각하는 것보다는 덜 위험하다.

____

2 다음 문장의 밑줄에 필요한 경우 알맞은 말을 넣으시오.

① Adriana __________ estaba segura de que él asistiría a su boda.

② Me gusta más el español __________ el inglés.

③ José es __________ más guapo de la clase.

④ Ella es __________ menor del grupo.

⑤ Yo __________ creí que el avión despegara a tiempo.

1 정답 ① Este año hace más calor que el año pasado. ② Ahora Juan estudia más que nunca. ③ Ellos dudaban que el Sr. Menéndez fuera culpable. ④ No creíamos que (a ella) le hiciera falta mucho dinero. ⑤ Es menos peligroso de lo que tú crees.

2 정답 ① 없음 (asistir a su boda 그녀의 결혼식에 참석하다) ② que ③ el ④ la ⑤ no (despegara는 동사 despegar〈이륙하다〉의 접속법 과거)

접속법 활용

접속법은 9과, 15과에서 배운 기본 문형 외에 여러 표현법에 사용된다. 하나씩 분석해 보면서 숙지하도록 하자.
① ~ ④는 습관이나 이미 발생한 경우에는 직설법을 사용하고 미발생된 경우는 접속법을 사용한다. 물론 시제에 따라 접속법 현재나 과거를 사용한다.

① cuando ~할 때

Carmen llora cuando ve a su amiga. 까르멘은 친구를 볼 때 운다.

Carmen lloraba cuando la veía. 까르멘은 그녀를 보곤 했을 때 울곤 하였다.

Carmen la abrazó cuando la vio. 까르멘은 그녀를 보았을 때 그녀를 안아주었다.

Carmen la abrazará cuando la vea. 까르멘은 그녀를 보게 될 때 그녀를 안아 줄 것이다.

Carmen dijo que la abrazaría cuando la viera.
까르멘은 그녀를 보게 될 때 그녀를 안아줄 것이라고 말했다.

* 위 다섯 번째 문장은 과거 내용이지만 까르멘이 말한 당시에 친구인 그녀를 본다는 것은 미발생된 행위이므로 접속법 과거를 쓴 것이다.

② en cuanto / tan pronto como ~하자마자

En cuanto yo llegué a la oficina, tomé agua.
나는 사무실에 도착하자마자 물을 마셨다.

Yo tomaré café tan pronto como llegue a casa.
나는 집에 도착하자마자 커피를 마실래.

Pedro me dijo que bebería cerveza en cuanto llegara al bar.
뻬드로는 바에 도착하자마자 맥주를 마실 거라고 내게 말했다.

③ hasta que ~할 때까지

Yo esperé hasta que paró de llover. 나는 비가 멈출 때까지 기다렸다.

¡Espera hasta que pare de llover! 비가 멈출 때까지 기다려!

Te seré fiel hasta que la muerte nos separe.
죽음이 우리를 갈라놓을 때까지 나는 네게 충실할 것이다.

더 말해줄게…

llorar 울다 | **abrazar** 껴안다 | **parar de inf.** ~하는 것을 멈추다 | **fiel** 충실한 | **muerte**(f) 죽음 | **separar** 갈라놓다

*날씨와 관계한 경우에 동사는 3인칭 단수를 사용한다. paró는 부정과거 3인칭 단수이다.

④ después de que ~한 후에

Yo voy a cortarme el pelo después de hacer los deberes.
나는 숙제를 한 후에 머리를 깎을 거야.

Ella siempre pone la televisión después de que su hijo hace la tarea.
그녀는 항상 아들이 숙제를 한 후에 TV를 켠다.

El alcalde los visitará después de que construyan el edificio de 40 pisos.
시장은 그들이 그 40층짜리 빌딩을 건설한 뒤에 그들을 방문할 것이다.

더 말해줄게…

cortarse el pelo 머리를 깎다 | **alcalde** 시장 | **construir** 건설하다 (접속법 현재 construya construyas construya construyamos construyáis construyan)

⑤ ~ ⑨는 항상 접속법을 사용해야 하는 구문이다. 조건, 목적 등은 미래에 이루어질지 다소 의문시 되기 때문이다.

⑤ con tal (de) que ~ 하는 조건으로

Te prestaré mi carro con tal que me lo devuelvas el martes.
너에게 내 차를 빌려주마. 내게 이것을 화요일에 되돌려준다면.

더 말해줄게…

prestar 빌려주다 | **devolver** 되돌려주다

* carro를 스페인에서는 coche라고한다.

⑥ a menos que / a no ser que ~ 하지 않으면

La secretaria tendrá mucho que hacer a menos que su amiga trabaje en esta oficina. 그 비서가 할 일이 많을 것이다. 만약 그녀의 친구가 이 사무실에서 일하는 것이 아니라면.

Voy a escalar esa montaña a no ser que haga mal tiempo.
날씨가 나쁘지 않으면 그 산에 오를 것이다.

더 말해줄게…

tener 가지고있다 (미래시제 tendré tendrás tendrá...) | **escalar** 오르다 | **haga** hacer 접속법

* tener 목적어 que inf.: ~할 ~을 가지고 있다
* malo tiempo (x) / mal tiempo (o)

⑦ para que / a fin de que ~ 할 목적으로 (so that)

Viajaré a España para aprender mejor el español.
나는 스페인어를 더 잘 배우기 위해 스페인으로 여행을 할 것이다.

Viviré un año con mi hija en Francia para que ella aprenda mejor el francés.
나는 내 딸이 불어를 더 잘 배울 수 있게 딸과 프랑스에서 1년간 살 것이다.

Cierra la puerta para que no nos oigan. (우리를) 듣지 못하게 문을 닫아라.

Cerré la puerta para que no nos oyeran. 나는 (우리를) 듣지 못하게 문을 닫았다.

더 말해줄게…

mejor 더 잘, 더 좋은 | **cierra** cerrar (tú) 긍정명령형 | **oír** 듣다 (접속법 현재 oiga oigas oiga oigamos oigáis oigan)

⑧ antes de que ~ 하기 전에

Los niños se lavan antes de merendar. 아이들은 간식 먹기 전에 씻는다.

Tenemos que terminar el trabajo antes de que el arquitecto llegue.
우리는 건축가가 도착하기 전에 일을 끝내야 한다.

⑨ sin que ~ 함이 없이

Marta no lleva a su hijo al parque sin que antes se lave la cara.
마르따는 아들이 얼굴을 씻지 않고는 같이 공원에 데리고 가지 않는다.

더 말해줄게…

entero 전체의, 완전한 (entire) | **parque** 공원 | **hijo** 아들 | **antes** 전에

⑩ aunque / a pesar de que ~이지만 ~일지라도

어떤 일에 대해서 사실로 받아들인 경우는 직설법을 사용하고 사실로 받아들이지 못한 경우 혹은 가정적인 상황에 대해서는 접속법을 사용한다.

Aunque yo llegué tarde al cine, mi novia y yo conseguimos entradas.
비록 내가 영화관에 늦게 도착했지만 내 애인과 나는 입장권을 구했다.

Aunque tú no lo creas, yo saqué buenas notas en inglés.
비록 네가 그것을 믿지 못할지라도 난 영어에서 좋은 점수를 받았다.

Aunque pasado mañana llueva a cántaros o nieve mucho, yo saldré para los Alpes. 설사 모레 비가 퍼붓거나 눈이 많이 온다고 할지라도 나는 알프스를 향해 출발할 것이다.

Ella insiste en continuar trabajando a pesar de tener mucha fiebre.
그녀는 많은 열이 있음에도 불구하고 계속 일을 한다고 고집한다.

A pesar de que la habitación es pequeña, es muy agradable.
방이 비록 작지만 매우 좋다.

A pesar de que ella sea muy inteligente, no podrá dominar tres idiomas extranjeros a la vez. 그녀가 매우 똑똑하다고 할지라도 3개 외국어를 동시에 통달할 수 없을 것이다.

더 말해줄게…

conseguir 얻다 (get) (부정과거 conseguí conseguiste consiguió conseguimos...) | **creas** creer 접속법 현재 | **sacar** 꺼내다, (점수) 받다 (부정과거 saqué sacaste sacó...) | **llover a cántaros** 비가 퍼붓다 | **insistir en** ~고집하다 | **continuar + (현재분사)** 계속 ~하다 | **agradable** 유쾌한, 즐거운 (nice, pleasant) | **dominar** 지배하다, 통달하다 | **a la vez** 동시에 (= al mismo tiempo)

* por 형용사/ 부사 que 절 : 이 형식도 양보구문이다.

Por pobre que sea, seguirá estudiando.
그는 가난하다 할지라도 계속 공부할 것이다.

⑪ como si 접속법 과거 : 마치 ~ 처럼

Antonio me habla como si fuera mi jefe. 안또니오는 나에게 말을 한다. 마치 나의 상사처럼.

⑫ 기타 접속법 사용

선행사가 nadie, nada, ninguno 같은 부정어인 경우나 선행사의 존재가 불확실한 경우 접속법을 사용한다.

No conozco a nadie que pueda acompañarte.
나는 너를 동반할 수 있는 사람을 아무도 알고 있지 않다.

Mis parientes nunca me traen nada que me guste.
나의 친척들은 결코 내가 좋아하는 것을 내게 가져오지 않아.

Tengo un amigo que sabe hablar alemán. 나는 독어를 말할 줄 아는 친구가 한 명 있다. (직설법)

No tengo ningún amigo español que hable coreano.
나는 한국어를 말하는 스페인 친구가 한 명도 없어. (접속법)

Necesito una secretaria que sepa hablar japonés.
나는 일어를 말할 줄 아는 비서가 필요해. (접속법)

Conozco a un chico que sabe hablar chino. 나는 중국어를 말할 줄 아는 남자애를 안다. (직설법)

Busco a la chica que me lo contó ayer.
나는 어제 나에게 그것을 말해 준 그 여자애를 찾고 있다. (직설법 부정과거)

Busco un empleado que sea laborioso y honrado.
나는 부지런하고 정직한 직원을 찾아보고 있다. (접속법)

¿Hay alguien aquí que conozca Moscú? 모스크바를 아는 누군가가 여기 있는가? (접속법)

더 말해줄게…

poder 할 수 있다(접속법 현재 pueda puedas pueda podamos podáis puedan) | **contar** 영어 count, tell | **laborioso** 근면한, 부지런한 | **conocer** 알다 (접속법 현재 conozca conozcas conozca conozcamos conozcáis conozcan)

* 스페인어에서는 특정한 사람이 목적격으로 사용되면 전치사 a를 사용하는데, 상기의 다섯 번째와 여덟 번째 문장에서는 목적어인 그러한 사람의 존재 여부가 불확실하여 전치사 a를 사용하지 않았다.
* 마지막 문장에서 alguien(= 누군가)은 긍정어이지만 의문문으로 인해 그 존재성이 불확실하므로 접속법이 사용되었다.

1 다음을 스페인어로 작문하세요.

① 오고 싶을 때 와라.

---

② 비가 그치자마자 출발합시다.

---

③ 근로자들이 파업 (huelga)으로 가기 전에 정부는 적절한 (adecuado) 조치 (medidas)를 취해야 합니다.

---

④ 빨리 불을 끌 (apagar) 수 있도록 당신들이 소방관들 (bomberos)을 부르세요.

---

⑤ 이웃 사람들은 그 혐의자 (sospechoso)를 감옥 (cárcel)에 넣지 (meter) 않으면 법정을 (tribunal) 떠나지 않겠다고 고집한다.

---

1 정답 ① Ven cuando quieras.
② Vamos a salir en cuanto pare de llover.
③ El gobierno tiene que tomar medidas adecuadas antes de que los trabajadores vayan a la huelga.
④ Llamen a los bomberos para que apaguen el fuego rápido.
⑤ Los vecinos insisten en no dejar el tribunal a menos que metan al sospechoso en la cárcel.

2 다음 문장을 해석하세요.

① El número de desempleados irá en aumento mientras el gobierno y los funcionarios del Estado no hagan caso del problema del desempleo.
  * hacer caso = 영어 pay attention, take notice

____

② Mi mujer se preparaba para pronunciar un discurso en la Asamblea Nacional mientras yo traducía una novela del español al coreano.

____

③ Busco un joven que sepa hablar italiano.

____

④ Encontré a un joven que sabía hablar italiano.

____

⑤ Mi novia va a llorar mucho después de que yo parta con destino a París.

____

2 정답 ① 정부와 공무원들이 실업문제에 유의하지 않는 한 실업자 수는 증가해 갈 것이다. * mientras ~하는 한
② 내가 소설을 한 권 서-한으로 번역하고 있는 동안에 아내는 국회에서 연설할 준비를 하고 있었다.
* mientras ~하는 동안에
③ 나는 이탈리아어를 할 줄 아는 젊은이를 찾고 있다. * buscar 찾아보다
④ 나는 이탈리아어를 할 줄 아는 젊은이를 찾았다. * encontrar 찾다
⑤ 내가 파리를 향해 떠난 후 애인은 많이 울 것이다. * partir 떠나다, 쪼개다 destino 목적지, 운명
* (참고) rumbo 방향

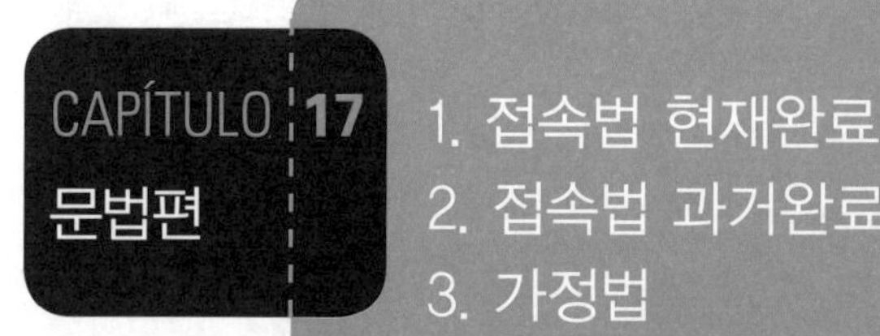

1. 접속법 현재완료

접속법 현재완료는 14과에서 배운 직설법 현재완료 (영어 have p.p.) 표현이 접속법을 사용해야 하는 문형에서 접속법으로 바뀐 것일 뿐이니 어렵게 생각하지 않아도 된다. 우리가 9과, 16과에서 배운 접속법을 사용해야 하는 문형을 상기하면서 본과를 들여다 보자.

접속법 현재완료는 'haber 접속법 현재 + p.p.'의 형태를 취한다.

직설법 현재완료		접속법 현재완료	
he comido	*hemos comido*	haya comido	hayamos comido
has comido	*habéis comido*	hayas comido	hayáis comido
ha comido	*han comido*	haya comido	hayan comido

* 새로운 동사의 시제 변화에 낯설게만 느껴지는 것은 당연하다.

Marta ha comprado un bolso. 마르따는 핸드백을 하나 샀다.

No creo que ella haya comprado el bolso. 나는 그녀가 그 핸드백을 샀다고 생각하지 않는다.

Mi nuera ha dado a luz a una niña. 내 며느리가 여자애를 출산했다.

Espero que ella haya dado a luz a una niña. 나는 그녀가 여자애를 출산했기를 바란다.

Mi hijo ha aprobado el examen. 내 아들이 그 시험을 합격했다.

Me alegro de que él lo haya aprobado. 나는 그가 그것을 합격한 것이 기쁘다.

Juan y María se han peleado. 환과 마리아가 서로 싸웠어.

Quizá ellos se hayan peleado. 아마 그들은 서로 싸운 듯하다.

더 말해줄게…

bolso 핸드백 | **dar a luz** 출산하다 | **pelearse** 서로 싸우다

2. 접속법 과거완료

위의 경우와 마찬가지다. 직설법 과거완료와 접속법 과거완료를 비교해 보자. 접속법 과거 완료는 'haber 접속법 과거 + p.p.'로 이루어진다.

직설법 과거완료		접속법 과거완료	
había leído	*habíamos leído*	hubiera leído	hubiéramos leído
habías leído	*habíais leído*	hubieras leído	hubierais leído
había leído	*habían leído*	hubiera leído	hubieran leído

Yo sabía que Juan ya había vuelto de Londres.
나는 환이 벌써 런던에서 돌아왔다는 것을 알고 있었다.

No creí que él ya hubiera vuelto a casa. 나는 그가 벌써 집에 돌아왔다고 믿지 않았다.

Me dijeron que había terminado la Segunda Guerra Mundial.
2차 세계대전이 끝났다고 나에게 말해 주었다.

Me alegré mucho de que hubiera terminado la guerra.
전쟁이 끝났음에 나는 무척 기뻐했다.

Su marido le dijo que había llamado a Pedro.
그녀의 남편은 뻬드로에게 전화했다고 그녀에게 말했다.

Ella dudó que él lo hubiera llamado. 그녀는 그가 뻬드로에게 전화했음을 의심했다.

Dijeron que el ladrón había sido arrestado por la policía.
그 도둑이 경찰에 의해 체포되었다고 말했다.

Yo no estaba seguro de que él hubiera sido arrestado por la policía.
나는 그가 경찰에 의해 체포되었다고 확신하지 못하고 있었다.

더 말해줄게…

había vuelto volver 동사 과거완료 | **terminar** 끝나다, 끝내다 (영어 finish) | **segundo** 두 번째의 | **guerra** 전쟁 | **mundial** 세계의 | **ladrón** 도둑 | **arrestar** 체포하다 | **estar seguro de** ~에 대해 확신하다 (be sure of) | **la policía** 경찰

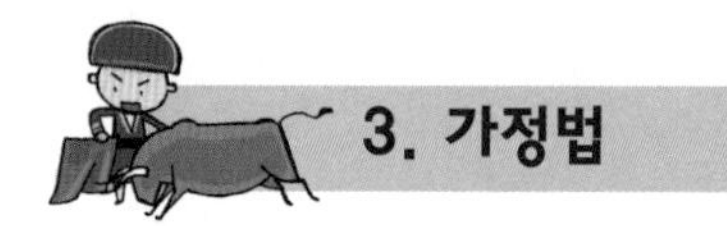

3. 가정법

① 단순 가정

현재나 미래상황에 대한 단순한 가정을 하는 것으로 조건절에는 직설법 현재를 사용한다.

Si la profesora viene, le entregaré esta carta.
선생님이 오시면 그 분에게 이 편지를 건네드릴 것이다.

Si os portáis bien, os leeré un cuento. 만일 너희가 잘 행동하면 너희에게 이야기를 읽어 줄게.

Avísame si el director técnico me busca. 만일 감독님이 나를 찾으시면 나에게 알려다오.

더 말해줄게…

entregar 건네주다 | **portarse** 행동하다 | **director técnico** 감독(= entrenador) | **avisar** 알리다

② 현재 사실의 반대

si 접속법 과거, 가능법

Si yo tuviera dinero, te compraría un tren de juguete.
만일 내가 돈이 있다면 네게 장난감 기차를 사 줄 텐데.

Si yo estuviera en tu lugar, no lo haría. 내가 네 입장이라면 그것을 안 할 텐데.

Si me tocara la lotería, daría la vuelta al mundo.
만일 내게 복권이 당첨된다면 세계일주를 할 텐데.

더 말해줄게…

tocar 당첨되다, 연주하다 (영어 touch) | **lotería** 복권 | **vuelta** 회전, 돌기, 돌아옴, 거스름돈 | **dar la vuelta al mundo** 세계일주를 하다

③ 과거 사실의 반대

si 접속법 과거완료, habría + p.p.

Si yo hubiera tenido dinero, te habría comprado un ordenador portátil.
만일 내가 돈이 있었더라면 네게 노트북 컴퓨터를 사 주었을 것이다.

Si ella lo hubiera sabido, no habría venido.
만일 그녀가 그것을 알았더라면 오지 않았을 것이다.

Si nos hubieras dicho la verdad, te habríamos perdonado.
만일 네가 우리에게 사실을 말해 주었더라면 너를 용서했을 텐데.

더 말해줄게…

ordenador portátil 노트북 컴퓨터 | **perdonar** 용서하다 (영어 excuse)

* habría + p.p.는 영어의 would have p.p.에 해당한다.

1 다음을 스페인어로 작문하세요.

① 선생님은 학생들이 스페인어에서 좋은 점수를 받아 기뻐한다.

____

② 뻬드로는 열차가 벌써 떠났다고 생각하고 있지 않았다.

____

③ 만약 백만장자(millonario)라면 당신은 뭘 하실 것 같아요?

____

④ 할 것 없으면 내가 숙제하는 것 좀 도와줄 수 있니?

____

⑤ 바람이 많이 불지 않았더라면 우리는 해변에 갔을 텐데.

____

1 정답 ① El profesor se alegra de que sus alumnos hayan sacado buenas notas en los exámenes.
② Pedro no pensaba que el tren ya hubiera salido.
③ ¿Qué haría usted si fuera millonario?
④ Si no tienes nada que hacer, ¿puedes ayudarme a hacer los deberes?
* ayudar a inf. ~하는 것을 도와주다
⑤ Si no hubiera hecho mucho viento, habríamos ido a la playa.

2 다음 문장의 괄호 안의 동사를 알맞은 형태로 바꾸세요.

① Si yo hubiera tenido tiempo, lo (haber ayudado) a hacer la maleta.
* maleta 가방, hacer la maleta 짐을 꾸리다

____

② Si (querer) hacer una fiesta en casa, primero tienes que limpiar la casa.

____

③ Si yo (ser) rico, ayudaría a los pobres.

____

④ Mi primo duda que Susana le (haber dicho) la verdad.

____

⑤ Todo el mundo se alegra mucho de que la selección coreana (haber avanzado) a los cuartos de final.
* avanzar a los cuartos de final 8강에 진출하다.

____

2 정답 ① habría ayudado ② quieres ③ fuera ④ haya dicho ⑤ haya avanzado

여기서부터는 책을 뒤집어서 뒷장부터 보십시오!

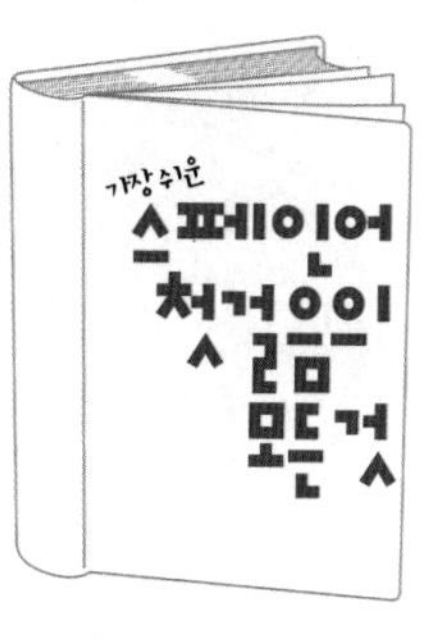
가장 쉬운
스페인어
첫걸음의
모든 것

동양북스

개정 36쇄 발행 | 2023년 9월 10일

지은이 | 박기호
발행인 | 김태웅
편 집 | 김현아
디자인 | 남은혜, 김지혜
마케팅 | 나재승
제 작 | 현대순

발행처 | (주)동양북스
등 록 | 제 2014-000055호
주 소 | 서울시 마포구 동교로22길 14(04030)
구입문의 | (02)337-1737 팩 스 | (02)334-6624
내용문의 | (02)337-1762 dybooks2@gmail.com

ISBN 978-89-8300-516-8 03770

▶ 잘못된 책은 구입처에서 교환해드립니다.
▶ 도서출판 동양북스에서는 소중한 원고, 새로운 기획을 기다리고 있습니다.
http://www.dongyangbooks.com

머리말

여러분은 왜 스페인어를 배우려 할까요?

예나 지금이나 스페인어를 배우려는 분들은 매우 다양합니다. 과거를 상기해 볼 때, 유학을 준비하는 대학생들은 먼 미래를 내다보고 젊은 패기로 자신감 있게 스페인어 학습에 매진하였고, 스페인과 남미 등으로 이민을 준비하는 가족들은 이민의 필수조건인 스페인어를 공부하면서 부족한 부분을 서로 챙겨주며 미래의 터전을 향해 출발했습니다.

한편, 한국 경제가 세계로 활발히 진출하면서 스페인어권 국가들과 다방면에서 교류가 이루어졌고 해외 출장 및 파견을 준비하는 직장인들도 넥타이를 맨 차림으로 시내 서점에서 조심스럽게 스페인어 교재들을 꺼내보면서 마음의 준비를 하였습니다.

21세기 현재 스페인어 자체가 당장 필요해서 배우고자 하는 분들은 예전과 마찬가지이고 더 나아가 스페인과 라틴아메리카 문화에 대한 관심이 커져 이 지역 문화의 맛을 직접 느끼려는 사람들이 늘었습니다. 외국에 체류하면서 알게 된 스페인어권 사람들과의 접촉을 유지하고자 스페인어를 배우려는 분들 또한 많아졌습니다. 새로운 기회를 찾고 우리의 시야를 넓혀주는 데에 현지 언어와 문화지식의 습득이 중요하지 않을 수 없습니다.

처음 스페인어를 접하는 분들은 빨리 배우고자 하는 마음이 들기도 합니다. 모든 언어가 그렇듯이 차근차근 이해하면서 기초를 잘 밟아 가면 더 높은 단계로 올라가는 길이 보일 것입니다. 멕시코, 스페인, 칠레, 베네수엘라 등의 모든 나라들이 우리와 다른 문화를 가지고 있으니 이들의 언어인 스페인어는 우리 한국어는 물론 영어와도 차이가 있습니다. 그 차이를 새로운 세계의 일부로 즐겨보시기를 바랍니다.

스페인의 알람브라 궁전, 페루의 마추삐추로 여행을 꿈꾸는 분, 라틴 음악이나 문학에 빠져 원어를 이해하려는 분, 그리고 제2외국어 능력을 통해 앞으로의 진로에 보탬이 필요한 모든 분들에게 이 책이 조금이나마 그 출발에 도움이 되었으면 합니다.

끝으로 이 책을 만드는데 도와주신 모든 분들에게 감사드립니다.

저자 씀

차례 contents

회화편

문법편

이 책의 구성과 특징

과 소개

각 과의 본문에서 배울 내용들이 재미있는 그림과 함께 소개되어 있습니다. 재미있게 보면서 '이런 말들을 스페인어로 어떻게 할까?' 하는 호기심이 생기면 책장을 넘기세요.

패턴회화

상황별 기본 회화를 익힙니다. 꼭 알아야 할 구문과 문법 사항이 포함된 부분을 미리 소개한 것입니다. 패턴회화의 대사는 꼭 암기하세요!

기억해줘/참고하기

초보자가 꼭 알아야 할 문법이나 표현 등을 실었습니다. 첫걸음 학습에서는 무엇 하나 버릴 것이 없습니다. 꼼꼼하게 공부하시면 좋습니다.

새로 나온 단어

각 페이지마다 새로 나온 단어들을 모두 소개했습니다. 꾸준하게 외워 나가시기 바랍니다.

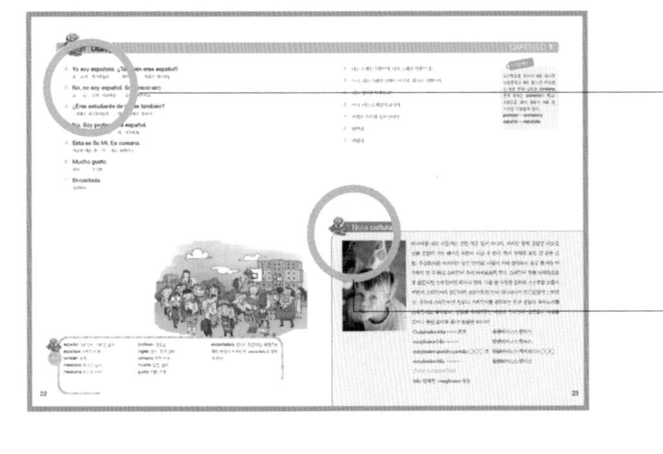

다이얼로그

각 과의 본문 회화에 해당하는 코너입니다. 패턴회화에서 익힌 상황별 기본 회화와 문법 사항을 총망라해 구성한 회화문으로, 스페인어의 기본을 확실하게 잡아줍니다.

문화 노트

각 과마다 생활 상식을 정리했습니다. 외국어 학습은 말과 함께 문화도 알아야 합니다. 생활 습관이나 행사 등 다양한 정보를 맛보시기 바랍니다.

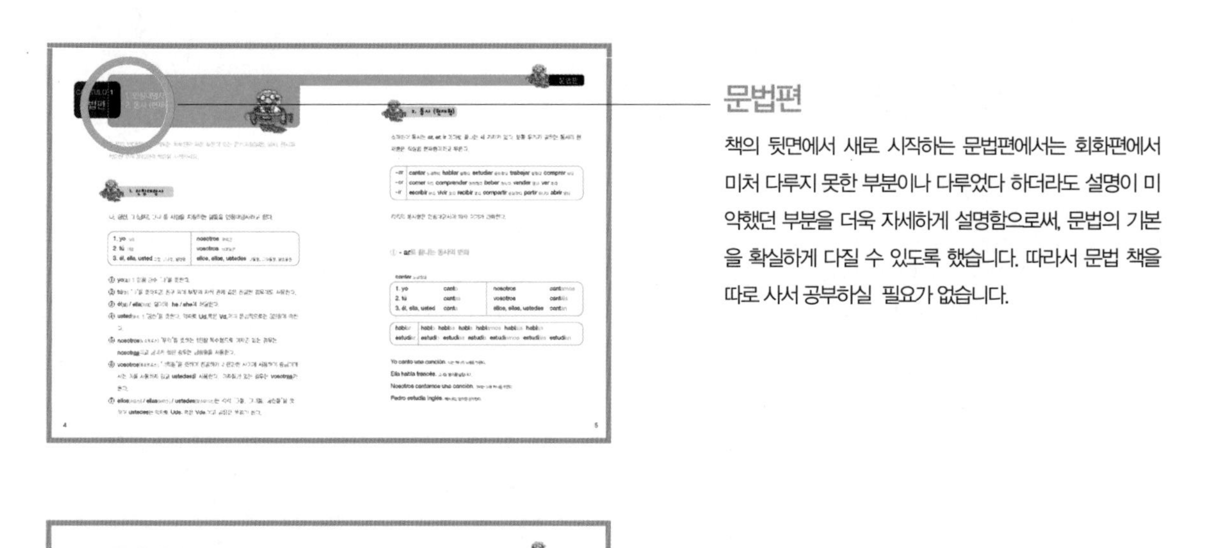

문법편

책의 뒷면에서 새로 시작하는 문법편에서는 회화편에서 미처 다루지 못한 부분이나 다루었다 하더라도 설명이 미약했던 부분을 더욱 자세하게 설명함으로써, 문법의 기본을 확실하게 다질 수 있도록 했습니다. 따라서 문법 책을 따로 사서 공부하실 필요가 없습니다.

연습문제

각 과마다 학습한 내용을 확인 점검하는 차원에서 연습문제를 두었습니다. 연습문제를 꼼꼼하게 풀어보시고, 틀린 부분에 대해서는 반드시 복습하고 다음 과를 학습하시기 바랍니다.

이 책의 구성과 특징

첫걸음 세트의 구성과 공부법

1. 회화편

이 첫걸음 세트의 주 교재입니다. 모두 102가지 상황별 회화와 17개의 본문 회화 및 문화 노트로 구성되어 있으며, 단어 정리는 물론 회화를 이해하고 기초를 다지는 문법 설명까지 꼼꼼하게 정리했습니다. 스페인어의 기초를 다지는 데에 확실한 근거를 제시합니다. 동양북스 홈페이지에서 회화편의 강의를 누구나 무료로 수강하실 수 있습니다.

2. 문법편

문법 교재를 따로 사려고 하셨다면, 비용을 절감할 수 있는 절호의 기회입니다. 흔히 첫걸음 교재라고 하면 위의 회화편만을 구성해 놓은 교재입니다. 그런데 이 책에서는 회화와 문법을 따로따로 구입하고 공부하는 불편을 덜어드리기 위해 기초 문법책을 통째로 드립니다. 교재 뒷부분에서 새로 시작되는 문법편에서는 스페인어를 학습하시는 분이라면 누구나 알아야 할 기초 문법을 자세하게 실었습니다.

3. MP3

스페인어의 발음, 패턴회화, 다이얼로그 전편이 수록되어 있습니다. 모든 회화를 따라할 수 있도록 편집하여 듣고 따라 말하기 학습을 할 수 있습니다. 동양북스 홈페이지(www.dongyangbooks.com) 자료실에서 MP3 파일을 다운로드 할 수 있습니다.

4. 오디오북

버스나 지하철 등 좁은 교통 수단을 이용해 이동하실 때에도 듣고 따라하기 학습 또는 회화의 복습이 가능하도록 조그마한 책자를 부록으로 만들었습니다. 전날 공부한 내용을 복습할 때에나 듣고 따라하기만을 공부하실 때에 매우 유용한 학습 도구가 될 것입니다.

5. 무료 동영상 강의

인터넷을 이용할 수 있는 곳이라면 언제 어디서나 수강이 가능하도록 무료 동영상 강의를 만들었습니다. 동양북스 홈페이지(www.dongyangbooks.com)를 방문하시면 24시간 무료로 수강하실 수 있습니다. 학원에 가실 시간이 없거나 형편이 안 되시는 분을 위한 최선의 서비스가 여러분의 스페인어 학습의 길잡이가 되어 드립니다.

준비과정

Objetivos

1. 발음
2. 강세
3. 명사
4. 관사

EL ALFABETO

문자	명칭	문자	명칭
a	a	ñ	eñe
b	be	o	o
c	ce	p	pe
d	de	q	cu
e	e	r	ere
f	efe	rr	erre
g	ge	s	ese
h	hache	t	te
i	i	u	u
j	jota	v	uve
k	ka	w	uve doble
l	ele	x	equis
m	eme	y	i griega 또는 ye
n	ene	z	zeta

예전에 ch와 ll가 알파벳에서 사라졌고 최근에 rr도 제외되었다.

1. 발음

① 모음 a, e, o, i, u는 [아, 에, 오, 이, 우]로 각각 발음된다.

② 자음 c + a, o, u는 [까, 꼬, 꾸]로 발음되며
c + e, i의 경우는 [쎄, 씨]로 발음된다.

casa	까사	(집)
Corea	꼬레아	(한국)
cielo	씨엘로	(하늘)

* c + e, i인 경우 c는 [s] 혹은 [θ]로 발음된다.
* z 도 중남미와 스페인 남부에서 [s]로 발음하고 나머지 지역은 [θ]로 발음한다.

③ g + a, o, u는 [가, 고, 구]로 소리나고 g + e, i [헤, 히]로 발음한다.
* j 도 강한 [ㅎ]로 발음된다.

gato	가또	(고양이)
general	헤네랄	(일반적인)
girasol	히라솔	(해바라기)

④ p, t는 [ㅃ, ㄸ]로 각각 발음된다.

⑤ r가 단어 처음에 오거나 l, n, s 뒤에 올 경우와 rr는 굴러가는 ㄹ 소리로 발음.

rosa	ㄹ로사	(장미)
ferrocarril	페ㄹ로까ㄹ릴	(철도)

⑥ que, qui는 [께, 끼]로 각각 발음된다. 즉 u가 발음되지 않는다.
gue, gui는 [게, 기]로 발음한다.

qué	께	(무엇)
quizás	끼싸스	(아마도)
Miguel	미겔	(미겔 – 사람 이름)
guerra	게ㄹ라	(전쟁)

⑦ ll은 지역별로 발음이 상이하다. 보통 y처럼 발음된다.
lla는 [야, 쟈, 랴, 샤]로 여러 발음이 나고 보통 [야]로 발음하면 된다.

⑧ h는 묵음이고, v는 b처럼 발음한다.
hola [올라]　　　vivir [비비ㄹ]

⑨ x는 [ks]로 발음되며 뒤에 자음이 오면 [s]로 발음하기도 한다.
인디언들의 언어에서 유래한 경우 [ㅎ]로 발음되는 단어들이 있다.

examen	엑사멘	(시험)
extranjero	엑스뜨랑헤로 에스뜨랑헤로	(외국인, 외국의, 외국)
México	메히코	멕시코

⑩ ñ + a, o, e는 [냐, 뇨, 녜]로 발음한다.

2. 강세

n, s를 제외한 자음으로 끝난 단어는 마지막 음절에 강세가 있고 n, s 및 모음으로 끝난 단어는 끝에서 두 번째 음절에 읽을 때 강세가 주어진다. * 추후 문법편 11과 참조

estudiante	에스뚜디**안**떼	(학생)
libertad	리베르**딷**	(자유)

3. 명사

명사는 남성명사와 여성명사로 구분된다. 전쟁을 뜻하는 guerra는 여성명사이고 책을 뜻하는 libro는 남성명사이다. 보통 o로 끝나는 명사는 남성명사이고 a로 끝나는 경우는 여성명사인데, 예외도 있고 남/녀 명사를 따로 외워야 하는 단어들도 있다.
*문법편 11과 참조

수 \ 성	남성	여성
단수	libro(책)	casa(집)
복수	libros(책들)	casas(집들)

4. 관사

① 영어의 정관사 the는 스페인어에 el과 la 두 개가 있다. 이미 학습했듯이 스페인어 명사는 남녀 구분이 있으므로 관사에도 남(el), 여(la) 구분이 있다.

the book	**el libro**
the house	**la casa**

② 명사가 복수가 되면 관사도 복수형을 취한다. el → los, la → las

the books	**los libros**
the houses	**las casas**

③ 부정관사도 남성, 여성 그리고 단수, 복수가 각각 있다.

un libro	한 권의 책
unos libros	몇 권의 책들
una casa	한 채의 집
unas casas	몇 채의 집들

CAPÍTULO 1

학교

Objetivos

1. 인사
2. 인칭대명사
3. 의문문

1

A ¡Hola, Antonio!
올라 안또니오

B ¡Hola, Carmen!
올라 까르멘

A 안녕, 안또니오.
B 안녕, 까르멘

기억해줘

hola에서 h는 묵음으로 소리가 나지 않는다.

2

A Buenos días, profesor.
부에노스 디아스 쁘로페소르

B Buenos días, alumnos.
부에노스 디아스 알룸노스

A 좋은 아침이에요, 선생님.
B 좋은 아침입니다, 학생 여러분.

buenos días : 오전에 만나거나 헤어질 때 하는 말이다. *días에 강세부호가 있다.
buenas tardes : 오후에 하는 인사
buenas noches : 저녁, 밤에 하는 인사

이 표현들은 문법을 따지지 말고 명랑한 표정으로 되풀이해서 연습한다.

3

A Hola, buenas tardes, Luis. ¿Qué tal?
올라 부에나스 따르데스 루이스 께 딸

B Bien, gracias. ¿Y tú?
비엔 그라씨아스 이 뚜?

A 안녕! 좋은 오후! 루이스. 어떻게 지내?
B 좋아, 고마워. 그리고 너는 어떠니?

기억해줘

인칭대명사와 ser (영어 be 동사)

영어 I am, you are, he is는 스페인어로 다음과 같이 표현한다.

1. yo soy　나는 ~이다
2. tú eres　너는 ~이다　* 친밀한 사이의 호칭으로 부모와 자식 사이에도 사용함
3. él es　그는 ~이다

단어

1 **hola** 안녕! *영어의 hi, hello에 해당하는 간단한 인사말임

2 **buenos días** 좋은 아침! | **alumno** 학생 | **alumnos** 학생들

3 **buenas tardes** 좋은 오후! | **¿qué tal?** 어떠니? | **bien** 잘, 좋아 | **gracias** 고맙습니다 | **y** 그리고 | **tú** 너는

4

A Buenas tardes. ¿Eres estudiante de español?
부에나스 따르데스 에레스 에스뚜디안떼 데 에스빠뇰

B Sí. ¿Y tú?
씨 이 뚜

A Yo también soy estudiante de español.
요 땀비엔 소이 에스뚜디안떼 데 에스빠뇰

A 좋은 오후! 너는 스페인어과 학생이니?
B 응. 그리고 너는?
A 나도 또한 스페인어 (배우는) 학생이야.

기억해주

Yo soy estudiante. : 저는 학생입니다.
Tú eres alumno. : 너는 학생이다.
¿Eres (tú) alumno? : 너는 학생이니?
* 주어와 동사 위치를 바꾸면 의문문이다. 주어가 생략될 수 있다.
Sí, (yo) soy alumno. : 응, 나는 학생이야.
también : 부사는 위치가 상당히 자유롭다.

5

A Este es Luis.
에스떼 에스 루이스

B Mucho gusto.
무초 구스또

C Encantado.
엥깐따도

A 이 사람은 루이스야.
B 반가워요.
C 반갑습니다.

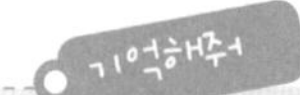

이 사람은 OOO 입니다.
사람을 소개할 때 영어로 this is라고 하는데 스페인어에서는 소개되는 사람이 남성이면 este es를, 여성이면 esta es를 사용한다. 즉 지시대명사의 남녀 성의 구분이 있다.

Este es Lucas.	이 (남자)분은 루까스입니다.
Esta es Ana.	이 (여자)분은 아나입니다.

* 이 표현은 비격식적이라 추후 다른 표현을 더 배우게 됩니다.

6

A Adiós, hasta mañana.
아디오스 아스따 마냐나

B Hasta luego. Buenas noches.
아스따 루에고 부에나스 노체스

A 안녕, 내일 보자.
B 나중에 보자. 좋은 밤!

기억해줘

adiós : 영어의 good-bye에 해당함. ＊chao / chau라고도 한다.
hasta mañana : '내일 보자'라는 인사말로 see you tomorrow에 해당한다.
hasta luego : luego는 '나중에'라는 뜻으로 see you later의 의미를 갖는다.

단어

4 **¿eres (tú)...?** 영어의 are you...?와 같은 표현이다. | **sí** 응 | **yo soy** 나는 ~이다 | **también** 또한 | **estudiante** 학생 | **de** ~의 | **español** 스페인어

5 **este** 이 남자 | **mucho gusto / encantado** 만나서 반갑습니다(회화 표현으로 암기한다)

6 **hasta** ~까지 | **mañana** 내일, 오전 | **luego** 나중에 | **buenas noches** 영어의 good evening/good night에 해당한다.

Diálogo

A Yo soy española. ¿También eres español?
요 소이 에스빠뇰라 땀비엔 에레스 에스빠뇰

B No, no soy español. Soy mexicano.
노 노 소이 에스빠뇰 소이 메히까노

A ¿Eres estudiante de inglés también?
에레스 에스뚜디안떼 데 잉글레스 땀비엔

B No. Soy profesor de español.
노 소이 쁘로페소르 데 에스빠뇰

A Esta es Su Mi. Es coreana.
에스따 에스 수 미 에스 꼬레아나

B Mucho gusto.
무초 구스또

C Encantada.
엥깐따다

단어

español 스페인어, 스페인 남자
española 스페인 여자
también 또한
mexicano 멕시코 남자
mexicana 멕시코 여자
profesor 선생님
inglés 영어, 영국 남자
coreana 한국 여자
mucho 많은, 많이
gusto 기쁨, 기호
encantado/a 만나서 반갑다는 표현으로 화자 자신이 여자이면 encantada로 말해야 한다.

A 나는 스페인 사람이야, 너도 스페인 사람이니?

B 아니, 나는 스페인 사람이 아니야. 멕시코 사람이야.

A 너도 영어과 학생이니?

B 아니. 나는 스페인어 교사야.

A 이쪽은 수미야. 한국인이야.

B 반가워.

C 반갑다.

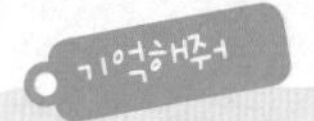

일반적으로 명사가 o로 끝나면 남성형이고 a로 끝나면 여성형이 되어 한국 남자는 coreano, 한국 여자는 coreana가 된다. 자음으로 끝난 경우는 a를 첨가하면 여성형이 된다.

profesor ↔ profesora
español ↔ española

Nota **cultural**

외국어를 새로 배운다는 것은 쉬운 일이 아니다. 하지만 알지 못했던 새로운 것을 경험해 가는 즐거운 작업이 아닐 수 없다. 왠지 딱딱해 보일 것 같은 문법, 추상화처럼 여겨지는 낯선 단어들! 이렇게 지레 생각하지 말고 흥겨운 라틴음악 한 곡 듣고 스페인어 속에 빠져보도록 한다. 스페인어 학습 자체만으로도 즐겁지만 스페인어권 책이나 영화, 미술 등 다양한 문화에 스스로를 노출시키면서 스페인어에 접근하면 낯설기만 한 단어 하나하나가 친근감 있게 느껴진다. 주위에 스페인어권 친구나 스페인어를 공부하는 친구 생일에 축하 노래를 스페인어로 불러보자. 생일을 축하해주는 마음은 언어권에 상관없이 똑같을 것이니 뜻은 몰라도 좋다! 발음은 되니까!

Cumpleaños feliz ~~~~ ♬♬	꿈쁠레아뇨스 펠리스
cumpleaños feliz ~~~~~	꿈쁠레아뇨스 펠리스
cumpleaños querido(querida) ○○○ ♬	꿈쁠레아뇨스 께리도(다) ○○○
cumpleaños feliz ~~~~~	꿈쁠레아뇨스 펠리스

¡Feliz cumpleaños!

feliz 행복한 cumpleaños 생일

CAPÍTULO 2

만남

Objetivos

1. 국적
2. 부정문
3. 형용사

1

A ¿Eres francés?
에레스 프란쎄스

B No, yo soy alemán.
노 요 소이 알레만

A ¿Y María?
이 마리아

B Ella es mexicana.
에야 에스 메히까나

A 너는 프랑스인이니?
B 아니, 난 독일인이야.
A 그리고 마리아는?
B 그녀는 멕시코인이야.

francés 프랑스 남자	**mexicano** 멕시코 남자	**alemán** 독일 남자
francesa 프랑스 여자	**mexicana** 멕시코 여자	**alemana** 독일 여자

2

A De dónde eres?
데 돈데 에레스

B Soy de España.
소이 데 에스빠냐

A ¿Es Juan brasileño?
에스 후안 브라실레뇨

B No, él no es brasileño. También es español.
노 엘 노 에스브라실레뇨 땀비엔 에스에스빠뇰

A 너는 어디 출신이니?
B 나는 스페인 출신이야.
A 환은 브라질인이니?
B 아니, 그는 브라질 사람이 아니야. 그도 또한 스페인 사람이야.

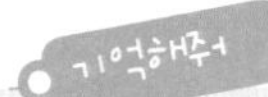

동사 앞에 no를 사용하면 부정문이 된다.
Soy estudiante. → No soy estudiante.
¿De dónde eres?의 대답으로 Soy español.이라고 말해도 좋다.

3

A ¿Sois vosotros estudiantes?
소이스 보소뜨로스 에스뚜디안떼스

B Sí, nosotros somos estudiantes.
씨 노소뜨로스 소모스 에스뚜디안떼스

A ¿De dónde sois?
데 돈데 소이스

B Somos de Alemania.
소모스 데 알레마니아

A 너희들은 학생들이니?
B 그래, 우리는 학생들이야.
A 너희는 어디 출신이니?
B 우리는 독일 출신이란다.

기억해줘

1과에서 배운 ser 동사의 모든 인칭별 변화는 다음과 같다. 왼쪽 단수부터 천천히 읽어 보자.

1. yo 나	**soy**	nosotros 우리	**somos**
2. tú 너	**eres**	vosotros 너희	**sois**
3. él 그 ella 그녀	**es**	ellos 그들 ellas 그녀들	**son**
usted 당신		ustedes 당신들	

* usted과 ustedes는 약자로 Ud. Uds.로 사용한다.
* 중남미에서는 vosotros를 사용하지 않고 Uds.를 사용한다.
* 당신(usted)은 문법적으로 3인칭 동사변화를 사용한다.
  usted eres (x) usted es (o)

단어

1 **francés** 프랑스 남자, 프랑스어 | **alemán** 독일 남자, 독일어 | **de** ~로부터(from)

2 **dónde** 어디(where) | **¿de dónde eres (tú)?** 영어의 where are you from?에 해당한다. | **brasileño** 브라질인

3 **vosotros sois** 너희들은 ~이다 | **nosotros somos** 우리는 ~이다 | **Alemania** 독일

4

A Son ustedes médicos?
손 우스떼데스 메디꼬스

B Sí, somos médicos.
씨 소모스 메디꼬스

A ¿Y ellos?
이 에요스

B Ellos son ingenieros.
에요스 손 잉헤니에로스

A 당신들은 의사들입니까?
B 네, 우리는 의사들이에요.
A 그들은요?
B 그들은 엔지니어들입니다.

참고해_^^

Sí, (nosotros) somos médicos : 주어 nosotros가 생략되었다.

5

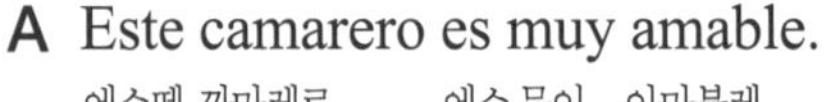

A Este camarero es muy amable.
에스떼 까마레로 에스 무이 아마블레

B ¿Sí? ¿Cómo es esta camarera?
씨 꼬모 에스 에스따 까마레라

A También es amable.
땀비엔 에스 아마블레

B ¿Sí?
씨

A 이 웨이터는 매우 친절해.
B 그래? 이 여자 종업원은 어떠니?
A 그녀도 친절하다.
B 그래?

참고해_^^

스페인어에서는 주어의 성이나 수에 따라서 보어로 쓰인 형용사가 어미 변화를 한다.

bueno(좋은)와 malo(나쁜)의 사용 예

Pedro es bueno.
María es buena.
Nosotros somos malos.
Nosotras somos malas. * 우리가 모두 여자인 경우
Ellos son buenos.
Ellas son buenas.
Usted es bueno.
Usted es buena. * 당신이 여자인 경우

6

A Aquel alumno es alto.
아껠 알룸노 에스 알또

B También aquella alumna es alta.
땀비엔 아께야 알룸나 에스 알따

A ¿Son ellos extranjeros?
손 에요스 에스뜨랑헤로스

B Aquel es extranjero pero aquella es coreana.
아껠 에스 에스뜨랑헤로 뻬로 아께야 에스 꼬레아나

A 저 남학생은 키가 크다.
B 또한 저 여학생도 키가 크다.
A 그들은 외국인들이니?
B 저 남자는 외국인인데 그러나 저 여자는 한국인이야.

참고해_^^

aquella alumna es alta. : alumna가 여성명사이므로 지시형용사와 보어가 모두 여성형이 사용되었다.
* amable는 남녀 구분이 없이 쓰인다.

단어

4 **médico** 의사 | **ingeniero** 엔지니어

5 **este** 이 (지시형용사 남성형) | **esta** 이 (지시형용사 여성형) | **ingeniero** 엔지니어 | **camarero** 웨이터 | **camarera** 웨이트리스 | **muy** 매우 | **amable** 친절한 | **cómo** 어떻게

6 **aquel** 저 (지시형용사 남성형) | **aquella** 저 (지시형용사 여성형) | **alto** 키 큰, 높은 | **alta** (여성형 형용사) | **extranjero** 외국인, 외국, 외국의 | **aquel** 저 남자 | **aquella** 저 여자

Diálogo

A ¡Hola! Buenas tardes, señorita Gómez.
올라 부에나스 따르데스 세뇨리따 고메스

B Buenas tardes, señor Kim.
부에나스 따르데스 세뇨르 킴

A Señorita, este es el señor López. Es mexicano.
세뇨리따 에스떼 에스 엘 세뇨르 로페스 에스 메히까노

C Mucho gusto, señorita Gómez.
무초 구스또 세뇨리따 고메스

B Encantada. Soy de Chile.
엥깐따다 소이 데 칠레

A El vino de Chile es muy famoso, ¿no?
엘 비노 데 칠레 에스 무이 파모소 노

B Claro. Es muy bueno.
끌라로 에스 무이 부에노

C También las empanadas de Chile son ricas.
땀비엔 라스 엠빠나다스 데 칠레 손 리까스

B Chile es un país interesante y muy conocido aquí.
칠레 에스 운 빠이스 인떼레산떼 이 무이 꼬노씨도 아끼

C Señor Kim, ¿cómo es el idioma español?
세뇨르 킴 꼬모 에스 엘 이디오마 에스빠뇰

A No es difícil. Es muy interesante.
노 에스 디피씰 에스 무이 인떼레산떼

B ¿No es difícil? ¿Cómo es su profesor de español?
노 에스 디피씰 꼬모 에스 수 쁘로페소르 데 에스빠뇰

A Él es inteligente y simpático.
엘 에스 인뗄리헨떼 이 씸빠띠꼬

단어

señorita 아가씨(Miss)
señor 분(Mr.)
vino 포도주
famoso 유명한
empanada 엠빠나다 (저민 고기와 야채 등을 넣은 파이)
rico 맛있는, 부유한
interesante 흥미로운
conocido 알려진
aquí 여기에
el idioma 언어
español 스페인의, 스페인어, 스페인 남자
difícil 어려운
su 당신의
inteligente 똑똑한
simpático 호감이 가는(nice, friendly)

A 안녕하세요. 좋은 오후예요, 고메쓰 양.

B 안녕하세요, 김 선생님.

A 고메쓰 양, 이 남자 분은 로뻬스 씨라고 합니다. 멕시코인입니다.

C 반갑습니다, 고메쓰 양.

B 반갑습니다. 저는 칠레 출신이에요.

A 칠레와인은 참 유명하지요, 안 그래요?

B 물론이죠. 아주 좋아요.

C 또한 칠레의 엠빠나다는 매우 맛있어요.

B 칠레가 여기에서는 흥미롭고 매우 알려진 나라네요.

C 김 선생님, 스페인어는 어떤가요?

A 어렵지 않아요. 매우 흥미롭습니다.

B 어렵지 않아요? 당신의 스페인어 선생님은 어떤 사람이에요?

A 그는 똑똑하고 호감이 가는 사람입니다.

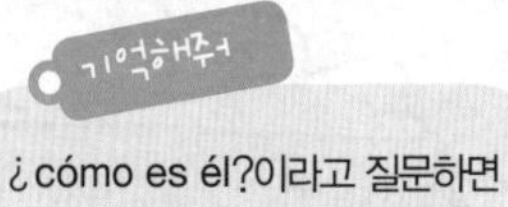

¿cómo es él?이라고 질문하면 성격이나 외모가 어떤지를 묻는 것이다.

¿Cómo es Juan?
Es simpático.
(그는) 호감이 가는 사람이야.

¿Cómo es ella?
Es alta.
(그녀는) 키가 크다.

¿Cómo es el hotel?
Es cómodo.
(호텔은) 편안하다.

Nota cultural

Miguel de Cervantes Saavedra (1547-1616) 스페인 문학의 거장

돈끼호테와 둘시네아

돈끼호떼! 스페인 문학의 거장 미겔 데 세르반떼스의 '돈끼호떼'가 2006년 출판된 지 400주년이 되었다. 성경 다음으로 많은 독자를 가지고 있는 명작이다. 소설 속의 돈끼호떼와 산초는 현대사회에서도 화두의 대상으로 우리와 함께 호흡하는 인물들이다. 돈끼호떼의 질주! 이상을 향한 도전 속에 비쳐지는 강인함! 현실의 무게를 생각지도 않는 순진함도 보여준다. 힘겨운 모험을 하면서도 무지개를 잡으려는 듯 사랑을 하는 돈끼호떼! 저 드넓은 광야에 드리워진 지평선. 그 너머의 꿈, 이상을 찾는 삶은 아름답지 않을 수 없다.

CAPÍTULO 3

묘사

Objetivos

1. 상태/외모
2. estar 동사
3. hay 용법

1

A ¡Señor Sánchez! Buenos días. ¿Cómo está usted?
세뇨르 산체스 부에노스 디아스 꼬모 에스따 우스뗀

B Muy bien, gracias. ¿Y Ud.?
무이 비엔 그라씨아스 이 우스뗀

A Muy bien, gracias. ¿Cómo está Pedro?
무이 비엔 그라씨아스 꼬모 에스따 뻬드로

B Él está un poco enfermo.
엘 에스따 운 뽀꼬 엔페르모

A 산체스 씨! 안녕하세요. 어떻게 지내세요?
B 아주 잘 지내요. 고마워요. 그리고 당신은요?
A 아주 좋아요, 고맙습니다. 뻬드로는 어떻게 지내나요?
B 그는 조금 아파요.

estar 동사의 주어별 변화 형태는 다음과 같다.

yo	**estoy**	nosotros	**estamos**
tú	**estás**	vosotros	**estáis**
él, ella, ud.	**está**	ellos, ellas, uds.	**están**

2

A ¿Cómo está tu padre?
꼬모 에스따뚜 빠드레

B Está resfriado.
에스따 레스프리아도

A Mi hermana también está resfriada.
미 에르마나 땀비엔 에스따 레스프리아다

B Ay, ¡pobre chica! Todavía estamos en invierno.
아이 뽀브레 치까 또다비아 에스따모스 엔 인비에르노

A 너의 아버지는 어떠시니?
B 감기에 걸리셨어.
A 나의 여동생도 감기에 걸려 있어.
B 아이, 불쌍한 아가씨! 우리는 아직도 겨울이구나.

참고해_^^

Mi hermana también está resfriada : 주어가 여성이므로 resfriada로 바뀌었다.

3

A ¿Cómo es tu profesor de inglés?
꼬모 에스 뚜 쁘로페소르 데 잉글레스

B Es simpático.
에스 씸빠띠꼬

A ¿No es aburrida la clase de inglés?
노 에스 아부리다 라 끌라세 데 잉글레스

B No, es interesante porque el profesor es talentoso.
노 에스 인떼레산떼 뽀르께 엘 쁘로페소르 에스 딸렌또소

A 너의 영어 선생님은 어떤 분이시니?
B 호감이 가는 분이셔.
A 영어수업이 지루하지는 않니?
B 아니. 흥미 있어. 왜냐하면 선생님이 재능 있는 분이셔.

참고해_^^

¿No es aburrida la clase...?
주어인 clase가 여성명사이므로 보어로 쓰인 aburrido가 여성형 형용사인 aburrida로 바뀐다.

*interesante, inteligente, azul(푸른), joven(젊은) 등의 형용사는 성의 구분없이 수 변화만 한다.

단어

1 **estar** 상태가 ~하다 / ~가 ~에 있다 | **enfermo** 아픈 | **un poco** 조금

2 **resfriado** 감기에 걸린 | **mi** 나의 | **hermano** (남자) 형제 | **hermana** 영어의 sister에 해당 | **pobre** 불쌍한, 가난한 | **chico** 남자애 | **chica** 여자애, 아가씨 | **todavía** 아직 | **en** ~에 | **invierno** 겨울

3 **tu** 너의 | **inglés** 영어, 영국 남자, 영국의 | **aburrido** 지루한 | **clase**(f) 수업 | **porque** 왜냐하면(because) | **talentoso** 재능 있는

(m) = 남성 (f) = 여성
(Esp) = 스페인 (AmL) = 중남미

A ¿Dónde está la casa de José?
돈데 에스따라 까사 데 호세

B Está en la calle de Aragón.
에스따 엔 라 까예 데 아라곤

A ¿Está José en casa?
에스따 호세 엔 까사

B No, ahora está en un café Internet cerca de aquí.
노 아오라 에스따 엔 운 까페 인뗴르넬 쎄르까 데 아끼

A 호세의 집은 어디에 있니?
B 아라곤 거리에 있단다.
A 호세가 집에 있니?
B 아니, 지금 여기 근처의 한 인터넷 카페에 있어.

estar 동사가 위치를 언급하는 뜻으로 사용됨(~가 ~에 있다)

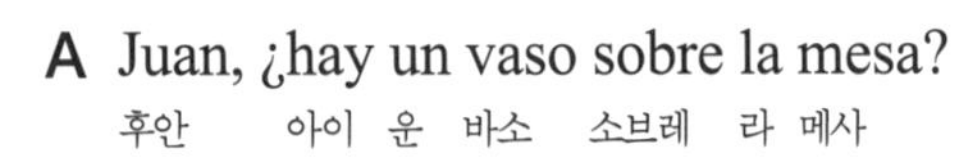

A Juan, ¿hay un vaso sobre la mesa?
후안 아이 운 바소 소브레 라 메사

B Sí, mamá. Y también hay un libro.
씨 마마 이 땀비엔 아이 운 리브로

A ¿Un libro? ¿Qué hay debajo de la mesa?
운 리브로 께 아이 데바호 데 라 메사

B Un momento... ¡Uf! Hay un ratón... ¡hay dos ratones!
운 모멘또 우프 아이 운 라똔 아이 도스 라또네스

A 환, 테이블 위에 잔이 하나 있니?
B 네, 엄마. 그리고 또 책도 한 권 있어요.
A 책? 테이블 밑에는 뭐가 있니?
B 잠깐만요…… 우! 쥐가 한 마리 있어요…… 두 마리가 있어요!

기억해줘

qué hay는 영어 what is there에 해당한다.

¿Qué hay sobre la mesa? 탁자 위에 무엇이 있니?
Hay un libro.한 권의 책이요.

6

A Juanito, ¿qué hay en la biblioteca?
후아니또 께 아이 엔 라 비블리오떼까

B Hay muchos libros.
아이 무초스 리브로스

A ¿Cómo son los libros?
꼬모 손 로스 리브로스

B Algunos libros son viejos.
알구노스 리브로스 손 비에호스

A 환, 도서관에 무엇이 있니?
B 많은 책들이 있어요.
A 책들은 어떠니?
B 어떤 책들은 오래된 거예요.

기억해주

mucho와 alguno 두 형용사가 명사를 수식할 때 명사가 복수형이면 형용사도 복수형을 취한다.

muchos libros / algunos libros

단어

4 **estar** ~가 ~에 있다 | **calle**(f) 거리(street) | **en casa** 집에 | **ahora** 지금 | **café**(m) 까페, 커피 | **(el) Internet** 인터넷 | **cerca de** ~의 가까이에 | **aquí** 여기

5 **qué** 무엇(what) | **hay** ~가 있다(there is / there are) | **vaso** 잔, 컵 | **sobre** ~ 위에 | **mesa** 테이블 | **debajo de** ~의 아래에 | **ratón**(m) 쥐, 마우스 | **dos** 2 | **ratones** 쥐들

6 **biblioteca** 도서관 | **mucho** 많은 | **alguno** 어떤 | **viejo** 오래된(old)
* nuevo 새로운

Diálogo

A Hola, Ramón. ¿Cómo estás?
올라 라몬 꼬모 에스따스

B Bien, gracias. ¿Y tú?
비엔 그라시아스 이 뚜

A Así así. Ramón, ¿qué día es hoy?
아씨 아씨 라몬 께 디아 에스 오이

B Es martes.
에스 마르떼스

A ¡Es martes! Entonces, hoy no hay clase.
에스 마르떼스 엔똔쎄스 오이 노 아이 끌라세

B ¿Cómo es tu clase de japonés? ¿Es difícil o aburrida?
꼬모 에스 뚜 끌라세 데 하뽀네스 에스 디피실 오 아부리다

A No es fácil, pero es muy interesante.
노 에스 파씰 뻬로 에스 무이 인떼레산떼

B ¿Cómo es tu profesora de japonés?
꼬모 에스 뚜 쁘로페소라 데 하뽀네스

A Ella es muy inteligente y bonita.
에야 에스 무이 인뗄리헨떼 이 보니따

B ¿De dónde es?
데 돈데 에스

A Es japonesa.
에스 하뽀네사

B ¿Dónde está tu academia?
돈데 에스따 뚜 아까데미아

A Está en el centro de la ciudad. Es un edificio muy moderno.
에스따 엔 엘 쎈뜨로 데 라 씨우닫 에스 운 에디피씨오 무이 모데르노

단어

- **así así** 영어의 so-so에 해당함 (regular 라고도 한다)
- **día** 날, 낮
- **hoy** 오늘
- **martes** 화요일
- **japonés** 일본의, 일본어, 일본 남자
- **japonesa** 일본 여자
- **fácil** 쉬운
- **bonito** 예쁜
- **academia** 학원, 학술원
- **centro** 중앙
- **ciudad**(f) 도시
- **edificio** 건물
- **moderno** 현대적인

A 안녕, 라몬. 어떻게 지내니?

B 잘 지내, 고마워. 그리고 너는?

A 그저 그래. 오늘은 무슨 요일이니?

B 화요일이야.

A 화요일! 그러면 오늘은 수업이 없다.

B 너의 일본어 수업은 어때? 어렵니 아니면 지루하니?

A 쉽지는 않아, 그러나 매우 흥미 있어.

B 너의 일본어 여선생님은 어떤 사람이셔?

A 그분은 아주 똑똑하고 예쁘셔.

B 어디 분이시니?

A 일본인이야.

B 너의 학원이 어디에 있니?

A 시내에 있어. 매우 현대적인 건물이란다.

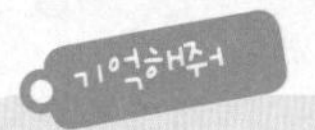

¿Qué día es hoy?는 영어의 What day is it today에 해당한다.

Nota **cultural**

La Tomatina

매년 8월이면 우리는 뉴스 등을 통해 스페인 발렌시아(Valencia)지방의 부뇰(Buñol)에서 토마토 축제(Tomatina)가 열리고 있음을 들어본 적이 있을 것이다. 맛도 좋고 건강에도 좋은 토마토(tomate)를 가지고 그들은 신나는 축제를 벌인다. 사람들은 허름한 옷차림(?)으로 마을 광장으로 모여든다. 오전 11시! 축제가 시작된다. 아무도 안전하지 못하다. 트럭에 가득 실린 엄청난 양의 토마토를 사람들은 서로에게 마구 던진다. 길거리는 온통 토마토 범벅이다. 토마토케첩(salsa de tomate)이라도 만들어야 할까? 길거리 청소는 늘 그래왔듯 능숙하게 치운다고 한다.

CAPÍTULO 4

개인 정보

Objetivos

1. 위치 표현
2. 인칭대명사 전치격
3. ~ar 동사

1

A El domingo hay un concierto en el Teatro Nacional.
엘 도밍고 아이 운 꼰씨에르또 엔 엘 떼아뜨로 나씨오날

B ¿Dónde está el teatro?
돈데 에스따 엘 떼아뜨로

A Está a la derecha de la iglesia. ¿Escuchas música clásica?
에스따 아 라 데레차 데 라 이글레시아 에스꾸차스 무시까 끌라시까

B No. Generalmente escucho música pop.
노 헤네랄멘떼 에스꾸초 무시까 뽑

A 일요일에 국립극장에서 콘서트가 있다.
B 그 극장이 어디에 있니?
A 교회 오른쪽에 있잖아. 너는 고전음악을 듣니?
B 아니. 보통은 대중음악을 들어.

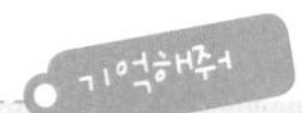

스페인어 동사는 ar, er, ir 어미로 끝나는 세 가지가 있다. 주어에 따라 동사의 어미가 변화한다.
- ar로 끝나는 동사의 변화는 다음과 같다.

escuchar 듣다

1. yo	escucho	nosotros	escuchamos
2. tú	escuchas	vosotros	escucháis
3. él, ella, usted	escucha	ellos, ellas, ustedes	escuchan

2

A ¿Dónde trabajas?
돈데 뜨라바하스

B Trabajo en un hospital. Soy enfermera.
뜨라바호 엔 운 오스삐딸 소이 엔페르메라

A ¿Dónde está el hospital?
돈데 에스따 엘 오스삐딸

B Está al otro lado de la calle. Es un edificio muy alto.
에스따 알 오뜨로 라도 데 라 까예 에스 운 에디피시오 무이 알또

A 너는 어디서 일하니?
B 나는 병원에서 일해. 간호사야.
A 그 병원이 어디에 있니?
B 길 건너편에 있어. 매우 높은 건물이지.

기억해줘

trabajar 일하다

1. trabajo	trabajamos
2. trabajas	trabajáis
3. trabaja	trabajan

3

A ¿Hablas chino?
아블라스 치노

B No, pero tú hablas tres idiomas extranjeros, ¿no es verdad?
노 뻬로 뚜 아블라스 뜨레스 이디오마스 에스뜨랑헤로스 노 에스베르닫

A Sí, los lunes estudio español y los miércoles, inglés.
씨 로스 루네스 에스뚜디오 에스빠뇰 이 로스 미에르꼴레스 잉글레스

B Estudias mucho. Yo también estudio inglés los jueves.
에스뚜디아스 무초 요 땀비엔 에스뚜디오 잉글레스 로스 후에베스

A 너는 중국어 말하니?
B 아니. 그러나 너는 3개 외국어를 말하지, 그렇지 않니?
A 응. 월요일마다 스페인어를 공부하고 수요일마다는 영어를 해.
B 많이 공부하는구나. 나도 목요일마다 영어를 공부해.

기억해줘

요일을 복수로 사용하면 '매주 ~ 요일에'라는 뜻이 된다.
* 월~금요일은 단수와 복수형이 동일하다.

estudiar 공부하다

1. estudio	estudiamos
2. estudias	estudiáis
3. estudia	estudian

단어

1 **el domingo** 일요일에 | **concierto** 콘서트 | **teatro** 극장 | **nacional** 국가의 | **a la derecha de** ~의 오른쪽에 | **iglesia** 교회 | **escuchar** 듣다(listen) | **clásico** 고전의 | **generalmente** 보통 | **música** 음악 |

2 **trabajar** 일하다 | **hospital**(m) 병원 | **enfermera** 간호사 | **otro** 다른(other another) | **lado** 옆(side) | **al otro lado de** ~의 건너편에

3 **chino** 중국어, 중국인, 중국의 | **hablar** 말하다(speak, talk) | **pero** 그러나 | **tres** 3 | **idioma**(m) 언어 | **extranjero** 외국의 | **verdad** 사실, 진실 | **el lunes** 월요일(에) | **estudiar** 공부하다 | **el miércoles** 수요일(에) | **el jueves** 목요일(에)

4

A Pedro, ¿qué hay detrás del hotel?
빼드로 께 아이 데뜨라스 델 오뗄

B Detrás del hotel hay una piscina; es muy grande.
데뜨라스 델 오뗄 아이 우나 삐씨나 에스무이 그란데

A ¿Nadas bien?
나다스 비엔

B Claro. Soy profesor de natación.
끌라로 소이 쁘로페소르 데 나따씨온

A 빼드로, 호텔 뒤에 무엇이 있니?
B 호텔 뒤에 수영장이 하나 있는데, 매우 커.
A 너 수영 잘해?
B 물론. 나는 수영 교사야.

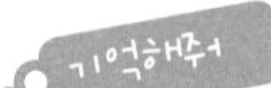

전치사 de, a는 뒤에 남성 정관사 단수가 오면 축약형을 사용한다.
de + el hospital →del hospital / a + el lado →al lado

5

A ¡Ay, Luisito! Tu habitación está muy sucia y desordenada.
아이 루이시또 뚜 아비따씨온 에스따 무이 수씨아 이 데스오르데나다

B Mamá, es que estoy ocupado. Ahora estudio.
마마 에쓰 께 에스또이 오꾸빠도 아오라 에스뚜디오

A ¿Está la ventana abierta? Hay mucho polvo fuera.
에스따 라 벤따나 아비에르따 아이 무초 뽈보 푸에라

B Tranquila, mamá. Está cerrada. ¿Estás enfadada conmigo?
뜨랑낄라 마마 에스따 쎄라다 에스따스 엔파다다 꼼미고

A 아이, 루이스. 너의 방이 매우 더럽고 어지럽혀져 있다.
B 엄마, 실은 제가 바쁘잖아요. 지금 공부해요.
A 창문이 열려 있니? 바깥에 먼지가 많아.
B 진정해요, 엄마. 닫혀 있는 상태예요. 저에게 화나셨어요?

인칭대명사

yo	nosotros
tú	vosotros
él, ella, Ud.	ellos, ellas, Uds.

* tú = 너는 / tu = 너의

인칭대명사는 앞에 전치사가 오면 형태가 다음과 같이 바뀐다.

mí	nosotros
ti	vosotros
él, ella, Ud.	ellos, ellas, Uds.

* con + (yo, tú) = conmigo, contigo임

Yo estudio con ella. 나는 그 여자와 공부한다.
Yo estudio contigo. 나는 너와 공부한다.

6

A ¿Qué desean Uds.?
께 데세안 우스떼데스

B Yo, un bocadillo de jamón y un café solo.
요 운 보까디요 데 하몬 이 운 까페 솔로

C Y yo, una cerveza y un helado de chocolate.
이 요 우나 쎄르베사 이 운 엘라도 데 초꼴라떼

B Un momento, oye. ¿El helado es para mí o para ti?
운 모멘또 오예 엘 엘라도 에스빠라 미 오빠라 띠

A 당신들은 무엇을 원하세요?
B 저는 햄샌드위치와 블랙커피요.
C 그리고 저는 맥주와 초콜렛 아이스크림요.
B 잠깐, 야. 아이스크림은 나를 위한 거니 아니면 널 위한 거니?

기억해줘

para yo → para mí
para tú → para ti

단어

4 **detrás de** ~의 뒤에 | **piscina** 수영장 | **grande** 커다란 | **nadar** 수영하다 (nado nadas nada nadamos nadáis nadan) | **claro** 물론이지 | **natación** 수영
* Luisito는 Luis의 축소형으로 사랑스럽거나 귀여움, 경멸, 작은 느낌 등을 단어에 담아낸 표현이다.

5 **habitación**(f) 방 | **sucio** 더러운 | **desordenado** 어지럽혀진 | **es que** 실은 | **ocupado** 바쁜 | **ahora** 지금 | **abierto** 열린 | **ventana** 창문 | **polvo** 먼지, 가루 | **fuera** 바깥에 | **tranquilo** 평온한 | **cerrado** 닫힌 | **con** 가지고 (with) | **estar enfadado con** ~에게 화나다

6 **desear** 원하다 | **bocadillo** 바케트 스타일 샌드위치 | **jamón**(m) 햄 | **café**(m) 커피 | **solo** 혼자(홀로)의 | **cerveza** 맥주 | **helado** 아이스크림 | **oye** 이봐, 야, 여봐 | **para** ~위한, ~하기 위하여

Diálogo

A Elisa, ¿no me compras un chocolate?
엘리사 노 메 꼼쁘라쓰 운 초꼴라떼

B ¿Un chocolate para ti? ¿Qué te pasa?
운 초꼴라떼 빠라 띠 께 떼 빠사

A Hoy es el Día de los Enamorados.
오이 에스 엘 디아 데 로스 에나모라도스

B Las empresas aprovechan este día para ganar dinero. Hoy es solo martes.
라스 엠쁘레사스 아쁘로베찬 에스떼 디아 빠라 가나르 디네로 오이 에스 솔로 마르떼스

A Pobre de mí. ¿Dónde está mi media naranja?
뽀브레 데 미 돈데 에스따 미 메디아 나랑하

B Aquí estoy, pero sin chocolates. ¿Es tan importante para ti comer chocolates?
아끼 에스또이 뻬로 씬 초꼴라떼스 에스 딴 임뽀르딴떼 빠라 띠 꼬메르 초꼴라떼스

A Claro que sí.
끌라로 께 씨

B Si pintas mi retrato, te compro muchos chocolates.
씨 삔따스 미 레뜨라또 떼 꼼쁘로 무초스 초꼴라떼스

A Vale. Ahora mismo pinto un retrato excelente.
발레 아오라 미스모 삔또 운 레뜨라또 엑쎌렌떼

B De acuerdo. Espera un momento.
데 아꾸에르도 에스뻬라 운 모멘또

단어

me 나에게 | **comprar** 사다 | **te** 너에게 | **pasar** 발생하다(happen, pass) | **enamorado** 연인, 애인 | **el Día de los Enamorados** 발렌타인데이 | **empresa** 회사 | **aprovechar** 이용하다(take advantage of) | **ganar** 벌다, 얻다, 이기다(gain, earn, win) | **dinero** 돈 | **solo** = **solamente** 단지 | **pobre de mí** 불쌍한 나! | **medio** 절반의 | **naranja** 오렌지 | **media naranja** 이상형의 이성 | **sin** ~없이(without) | **tan** 그렇게나(so) | **importante** 중요한 | **claro que sí** 당연히 그래 | **claro que no** 당연히 안 그래 | **si** 만약에(if) | **pintar** 그리다, 칠하다 | **mi** 나의 | **retrato** 초상화 | **vale** = **de acuerdo** OK | **esperar** 기다리다, 희망하다 | **espera** 기다려 | **un momento** 잠깐만 | **regalar** 선물하다 | **algo** 뭔가

A 엘리사, 나에게 초콜릿 안 사 주니?

B 너를 위한 초콜릿? 무슨 일이 네게 있는 거니?

A 오늘이 밸런타인데이야.

B 기업들이 돈을 벌기 위해 이 날을 이용하는 거야. 오늘은 단지 화요일이다.

A 가엾은 나! 내 반쪽은 어디에 있는 것일까?

B 여기 있잖아 내가, 그러나 초콜릿들은 없지. 너한테는 초콜릿을 먹는 것이 그렇게나 중요해?

A 당연히 그래.

B 만약 나의 초상화를 그려 주면 너에게 많은 초콜릿을 사 주지.

A 좋아. 지금 당장 훌륭한 초상화를 그려 주지.

B 좋아. 잠깐만 기다려.

기억해줘

간접 목적대명사 me(나에게)와 te(너에게)는 영어와는 달리 동사의 앞에 위치한다.

Mi novio me regala un libro.
나의 (남자)애인이 나에게 책 한 권을 선물한다.

¿Tu novia te regala algo?
너의 (여자)애인이 너에게 뭔가 선물하니?

동사의 3인칭 단수를 사용하면 tú에 대한 긍정명령이 된다.

¡Espera!
기다려라.

¡Estudia en casa!
집에서 공부해라!

※ comer chocolates
먹는 것
동사원형이 동명사로서 주어 역할을 한다.

Nota cultural

El Encierro

스페인하면 투우(la corrida de toros)를 떠올리게 되고 북동부에 위치한 팜플로나(Pamplona)에서 매년 7월 6일부터 14일까지 열리는 성 페르민 축제를 주목하게 된다. 전 세계 TV채널 해외여행 코너에서 늘 다루는 소재이다.이 축제기간 중 가장 이목을 끄는 것은 길거리를 따라 소떼들과 남자들이 뛰어가는 광경이다. 맹렬히 뛰어가는 소떼들 그리고 뒤엉켜 넘어지는 남자들! 1 km 정도를 뛰는 이 행사를 엔씨에로(encierro)라고 한다. 4분 정도의 짧은 시간 동안 상당히 흥분되는 광경이 펼쳐진다.

CAPÍTULO 5

식사

Objetivos

1. ~er 동사
2. querer 와 tener

1

A Ricardo, ¿qué bebes?
리까르도 께 베베스

B Bebo agua.
베보 아구아

A ¿Por qué no comes pan? Estás muy delgado.
뽀르 께 노 꼬메스 빤 에스따스 무이 델가도

B Estoy a dieta. Lo que necesito es solo agua, nada más.
에스또이 아 디에따 로 께 네쎄씨또 에스 솔로 아구아 나다 마스

A 리카르도, 너 뭘 마시니?
B 물 마셔.
A 빵을 왜 안 먹니(먹는 게 어떻겠니)? 너는 아주 마른 상태야.
B 전 다이어트 중이에요. 제가 필요로 하는 것은 단지 물뿐이에요, 아무것도 더 이상은!

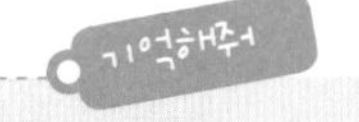

- er로 끝나는 동사의 변화는 다음과 같다.

beber 마시다

1. bebo	bebemos
2. bebes	bebéis
3. bebe	beben

comer 먹다 como comes come comemos coméis comen

2

A ¿Qué lee el profesor de matemáticas en el salón de clase?
께 레에 엘 쁘로페소르 데 마떼마띠까스 엔 엘 살론 데 끌라세

B No lee. Ahora come una hamburguesa.
노 레에 아오라 꼬메 우나 암부르게사

A Él es guapo y muy amable con nosotros.
엘 에스 구아뽀 이 무이 아마블레 꼰 노소뜨로스

B Por eso es mi tipo... mi príncipe azul.
뽀르 에소 에스 미 띠뽀 미 쁘린씨뻬 아쑬

A 수학 선생님이 교실에서 무엇을 읽으시니?
B 책을 읽지 않으셔. 지금 햄버거를 하나 드신다.
A 잘생기셨고 우리에게 아주 친절하셔.
B 그래서 내 타입이야…… 나의 백마 탄 왕자님.

3

A Isabel, ¿qué haces aquí en la calle?
이사벨 께 아쎄스 아끼 엔 라 까예

B Necesito comprar algo. ¿Dónde venden naranjas?
네쎄씨또 꼼쁘라르 알고 돈데 벤덴 나랑하스

A ¿Ves aquella frutería al otro lado de la calle?
베스 아께야 프루떼리아 알 오뜨로라도 데 라까예

B Sí, gracias. Es que las naranjas son ricas en vitamina C.
씨 그라씨아스 에스 께 라스 나랑하스 손 리까스 엔 비따미나 쎄

Y ahora estoy resfriada.
이 아오라 에스또이 레스프리아다

A 이사벨, 여기 거리에서 뭐하니?
B 뭔가 사야 할 필요가 있거든. 어디에서 오렌지들을 파니?
A 길 건너 저 과일가게 보이니?
B 응, 고마워. 오렌지가 비타민C 가 풍부하잖아. 나는 지금 감기에 걸렸어.

hacer 동사는 1인칭 단수가 불규칙이다.
hago haces hace hacemos hacéis hacen

al lado de : ~의 옆에
al otro lado de : ~의 건너편에
* lado와 otro는 각각 영어의 side와 other에 해당한다.

단어

1 **beber** 마시다 | **agua** 물 | **por qué** 왜 | **comer** 먹다, 점심 먹다 | **pan**(m) 빵 | **delgado** 마른 | **estar a dieta** 다이어트 중이다 | **lo que** ~하는 것(what) | **nada** 아무것도 | **más** 더(more)

2 **leer** 읽다 (leo lees lee leemos leéis leen) | **matemáticas**(pl) 수학 | **salón**(m) **de clase** 교실 | **hamburguesa** 햄버거 | **guapo** 잘생긴 | **ser amable con** ~에게 친절하다 | **por eso** 그래서 | **príncipe** 왕자 | **azul** 파란 | **príncipe azul** 이상형의 남자(신랑)

3 **hacer** 하다, 만들다 | **necesitar** 필요로 하다 | **dónde** 어디에서(where) | **vender** 팔다 | **naranja** 오렌지 | **frutería** 과일 가게 | **rico** 부유한, 맛있는 | **vitamina** 비타민 | **C** 쎄 | **ahora** 영어의 now에 해당

A Oye, Juan, ¿por qué corres tan rápido?
오예 후안 뽀르 께 꼬레스 딴 라삐도

B En mi casa de huéspedes comemos juntos a mediodía.
엔 미 까사 데 우에스뻬데스 꼬메모스 훈또스 아 메디오디아

A Juan, ¿comemos juntos en mi casa?
후안 꼬메모스 훈또스 엔 미 까사

B ¿De veras? Tu mamá cocina muy bien, ¿no?
데 베라스 뚜 마마 꼬씨나 무이 비엔 노

A 이봐, 환. 왜 그렇게 빨리 뛰니?
B 나의 하숙집에서 우리는 정오에 함께 점심을 먹어.
A 환, 우리 집에서 함께 먹을래?
B 정말? 너의 엄마는 요리를 참 잘하셔, 안 그래?

5

A Mi esposo bebe mucho alcohol todos los días.
미 에스뽀소 베베 무초 알꼬올 또도스 로스 디아스

B ¿Casi nunca cena en casa?
까씨 눙까 쎄나 엔 까사

A No, casi no. A veces bebe demasiado.
노 까씨 노 아 베세스 베베 데마씨아도

B Mi marido siempre desayuna y cena en casa.
미 마리도 씨엠쁘레 데사유나 이 쎄나 엔 까사

A 내 남편은 날마다 많은 술을 마셔.
B 거의 결코 집에서 저녁을 안 먹니?
A 거의 안 먹어. 가끔은 지나치게 마셔.
B 내 남편은 항상 아침과 저녁을 집에서 먹는단다.

querer ~ 하기를 원하다, 원하다, 사랑하다
querer 동사는 불규칙변화를 한다. 소리내어 여러 번 읽어보자.
(quiero quieres quiere queremos queréis quieren)

Ella me quiere. 그 여자는 나를 좋아한다.
Yo quiero un café. 나는 커피 한 잔을 원해요.
Queremos comer pan. 우리는 빵을 먹고 싶습니다.

6

A ¿Estudias alguna lengua extranjera en la escuela de idiomas?
에스뚜디아스 알구나 렝구아 에스뜨랑헤라 엔 라 에스꾸엘라 데 이디오마스

B Sí, una buena profesora enseña japonés y chino.
씨 우나 부에나 쁘로페소라 엔세냐 하뽀네스 이 치노

A Estudias dos idiomas extranjeros. ¿Habla chino tu padre?
에스뚜디아스 도스 이디오마스 에스뜨랑헤로스 아블라 치노 뚜 빠드레

B Sí. Él ve películas chinas sin leer los subtítulos.
씨 엘 베 뻴리꿀라스 치나스 씬 레에르 로스 숩띠뚤로스

A 너는 그 어학원에서 어떤 언어를 공부하고 있니?
B 그래, 좋은 여선생님이 일어와 중국어를 가르치셔.
A 너는 두 외국어를 공부하는구나. 너의 아버지가 중국어 하시지?
B 그래, 아버지는 자막을 읽지 않고 중국영화들을 보신단다.

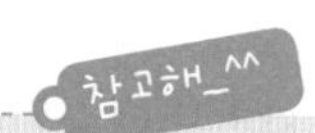

alguna lengua extranjera : lengua가 여성명사이므로 형용사가 여성형으로 바뀐다.

단어

4 **correr** 뛰다 (corro corres corre corremos corréis corren) | **rápido** 빨리, 빠른 | **casa de huéspedes** 하숙집 | **juntos** 함께 | **a mediodía** 정오에 | **¿de veras?** 정말? | **cocinar** 요리하다

5 **esposo** 남편 | **todos los días** 날마다 | **casi** 거의 | **cenar** 저녁 먹다 | **a veces** 가끔 | **demasiado** 지나치게 | **marido** 남편 | **siempre** 항상 | **desayunar** 아침 먹다 | **casa** 집

6 **alguno/a** 어떤 | **lengua** 언어, 혀 | **enseñar** 가르치다 | **idioma**(m) 언어 | **película** 영화, 필름 | **subtítulo** 자막

Diálogo

A ¿Quieres ir al cine esta noche? Tengo dos entradas para una película de acción.
끼에레스 이르알 씨네 에스따 노체 뗑고 도스 엔뜨라다스 빠라 우나 뻴리꿀라 데 악시온

B Yo no veo ese tipo de películas. Ahora ponen una película romántica...
요 노 베오 에세 띠뽀 데 뻴리꿀라스 아오라 뽀넨 우나 뻴리꿀라 로만띠까

A ¡Caramba! Tengo dos billetes gratis. ¿Comprendes?
까람바 뗑고 도스 비예떼스 그라띠스 꼼쁘렌데스

B No importa. Si quieres ver alguna película de acción, llama a María.
노 임뽀르따 씨 끼에레스 베르 알구나 뻴리꿀라 데 악씨온 야마 아 마리아

A Tú eres muy mala conmigo.
뚜 에레스 무이 말라 꼼미고

B Yo detesto las películas violentas.
요 데떼스또 라스 뻴리꿀라스 비올렌따스

A Vale, vale. Tú ganas.
발레 발레 뚜 가나스

B Entonces, ¿vemos otra película? Quiero ver una película romántica.
엔똔세스 베모스 오뜨라 뻴리꿀라 끼에로 베르 우나 뻴리꿀라 로만띠까

A Un momento. Ahora llamo a María para ver una de mis películas favoritas.
운 모멘또 아오라 야모 아 마리아 빠라 베르 우나 데 미스 뻴리꿀라스 파보리따스

B ¡Hombre! ¡Ahora eres tú malo conmigo! ¿Qué hago yo esta noche?
옴브레 아오라 에레스 뚜 말로 꼼미고 께 아고 요 에스따 노체

단어

ir 가다 | **ir a** ~에 가다 | **cine** 영화관 | **esta noche** 오늘 밤 | **tener** 가지고 있다 | **dos** 2 | **entrada** 입장권, 입구, 들어가기 | **ver** 보다 | **ese** 그 | **poner** 상영하다, 놓다 | **romántico** 낭만적인 | **caramba** 이런 | **billete** 표 | **gratis** 공짜로 | **comprender** 이해하다 | **importar** 중요하다, 수입하다 | **llamar a** ~를 부르다(call) | **llama** 전화해 (tú 긍정명령형) | **detestar** 싫어하다 | **violento** 폭력적인 | **ganar** 이기다 | **entonces** 그러면 (then) | **otro** 다른 (other, another) | **favorito** 좋아하는 | **hombre** 남자, 어머나, 이 사람아 | **poder** ~할 수 있다

A 오늘 밤 영화관에 갈래? 액션영화 입장권 두 장을 갖고 있어.

B 나는 그런 타입의 영화는 보지 않아. 지금 매우 낭만적인 영화를 상영하는데…….

A 이런! 내가 공짜표를 두 장 갖고 있다고. 이해하겠니?

B 상관없어. 만약 어떤 액션영화를 보고 싶으면 마리아에게 전화해.

A 너 내게 아주 나쁘게 구는 구나.

B 나는 폭력적인 영화들이 싫어.

A 좋아, 좋아. 네가 이겼어.

B 그러면, 우리 다른 영화 보는 거지? 난 낭만적인 영화를 보고 싶어.

A 잠깐만. 지금 내가 마리아한테 전화할게. 내가 좋아하는 영화 중에서 한 편을 보기 위해.

B 어머나! 지금 네가 내게 못되게 구네. 오늘 밤 난 뭐 해?

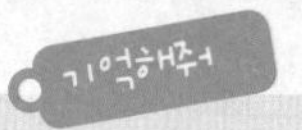

1. tener (have)는 불규칙 동사다
(tengo tienes tiene tenemos tenéis tienen)

Ella tiene 20 años. 그 여자는 20 살이다. * año = year (영어)
¿Cuántos años tienes? 너는 몇 살이니? * cuánto = how many
Tengo diez. 저는 10살이에요.

2.
ponen una película romántica....
3인칭 복수형은 '사람들, 관계자들이 ~하다'라는 의미로 사용할 수 있다. 여기서는 영화관 관계자들이 상영함을 의미

불규칙 동사들
tener 갖고 있다
tengo tienes tiene tenemos tenéis tienen
poner 놓다, 상영하다
pongo pones pone ponemos ponéis ponen
poder ~할 수 있다
puedo puedes puede podemos podéis pueden
hacer 하다, 만들다
hago haces hace hacemos hacéis hacen

Nota **cultural**

¡Buen provecho!=¡Que aproveche! 맛있게 잘 드세요!

빠에야

외국에 나가면 우리와 다른 도시 풍경이나 생활 풍습이 다채롭다. 그 중에서 우리가 먹어보지 못한 먹을거리는 우리의 미각을 자극하고 새로운 맛을 느끼게 해 준다. 다같이 음식을 함께 나누면서 가족이나 친구들과 정을 나누는 것은 어디서나 마찬가지다. 많은 관광객들이 스페인에서 느끼는 또 다른 매력은 맛과 다양성에서 세계 최고 수준인 스페인 요리에서 나온다. 우수한 품질의 올리브유와 포도주, 오렌지, 햄, 해산물 등 다양하고 품질 좋은 재료로 요리사들은 오늘도 여전히 관광객들의 입맛을 사로잡고 있다. 스페인과 라틴아메리카의 어떤 이국적 음식이 우리 식탁에 준비될까? 언젠가 하나씩 맛볼 기회를 갖게 될 것이다.

paella 쌀, 고기, 생선, 새우, 야채 등으로 만든 스페인 요리
tortilla 달걀, 감자, 양파로 만든 오믈렛 (스페인). 옥수수나 밀가루로 만든 얇은 전병 (멕시코)
tapas 주로 바에서 안주처럼 즐길 수 있게 조그만 접시에 담아내는 스낵의 일종
cebiche 레몬, 기름, 마늘 등의 향신료에 절인 페루의 대표적인 생선회 요리
sangría 레드와인, 설탕, 물,레몬, 복숭아 등을 썰어 넣은 음료

CAPÍTULO 6

인터넷

Objetivos

1. 시간
2. 날짜
3. ~ir 동사

1

A ¿Dónde vives?
돈데 비베스

B Vivo en la calle Modelia.
비보 엔 라 까예 모델리아

A Tengo que cambiar de casa. ¿Es tranquila tu casa de huéspedes?
뗑고 께 깜비아르 데 까사 에스 뜨랑낄라 뚜 까사 데 우에스뻬데스

B Sí. Además, podemos navegar por Internet sin pagar.
씨 아데마스 뽀데모스 나베가르 뽀르 인떼르넬 씬 빠가르

A 너는 어디에 사니?
B 나는 모델리아 거리에 살아.
A 나는 집을 바꾸어야 해. 너의 하숙집은 조용하니?
B 그래. 게다가 우리는 돈 내지 않고 인터넷을 할 수 있어.

- ir로 끝나는 동사의 변화는 다음과 같다.

쓰다, 편지하다

1. escribo	escribimos
2. escribes	escribís
3. escribe	escriben

vivir 살다   vivo vives vive vivimos vivís viven

2

A Luis, tengo calor. ¿Por qué no abres la ventana?
루이스 뗑고 깔로르 뽀르 께 노 아브레스 라 벤따나

B Es que Juan tiene gripe y por eso está cerrada.
에스 께 후안 띠에네 그리뻬 이 뽀르 에소 에스따 세라다

A ¿Quién es Juan?
끼엔 에스 후안

B Yo comparto este piso con él. Es diseñador web.
요 꼼빠르또 에스떼 삐소 꼰 엘 에스 디세냐도르 웹

A 루이스, 나는 덥다. 왜 창문을 열지 않니?(창문을 여는 것이 어떨까?)
B 실은 환이 독감이야. 그래서 창문이 닫혀 있단다.
A 환이 누군데?
B 내가 그와 이 아파트를 함께 사용하잖아. 웹디자이너야.

참고해_^^

Tengo calor 나는 더위를 갖고 있다 = (주관적) 덥다.
Tengo frío 나는 추위를 갖고 있다 = (주관적) 춥다.

3

A ¿Hay algún café Internet cerca de aquí?
아이 알군 까페 인떼르넽 쎄르까 데 아끼

B Parece que tienes prisa. Mira, allí hay dos cibercafés.
빠레쎄 께 띠에네스 쁘리사 미라 아이 아이 도스 씨베르까페스

A Debo revisar mi correo electrónico ahora mismo.
데보 레비사르 미 꼬레오 엘렉뜨로니꼬 아오라 미쓰모

B Yo acabo de chequear mi correo electrónico.
요 아까보 데 체께아르 미 꼬레오 엘렉뜨로니꼬

A 여기 근처에 인터넷 카페가 있니?
B 급한 것 같구나. 봐라, 저기 두 개의 인터넷 카페가 있단다.
A 지금 당장 이메일을 확인해야 한다.
B 나는 지금 막 이메일을 확인했어.

참고해_^^

* ~인 것 같다 : parece que ~ 는 영어의 it seems that ~에 해당하는데 영어의 가주어 (it)가 스페인어에는 없다.
* 막 ~ 했다 : acabar de inf. 현재형으로도 완료적 표현이 된다.

단어

1 **vivir** 살다 | **tener que inf.** ~해야 한다(have to) | **tranquilo** 평온한 | **además** 게다가 | **navegar por** ~항해하다 | **sin** ~ 없이 | **pagar** 지불하다
* Internet은 보통 남성명사로 쓰이며 마지막 t를발음하지 않기도 한다.

2 **calor** 더위 | **abrir** 열다(abro abres abre abrimos abrís abren) | **gripe**(f) 독감 | **cerrado** 닫힌 | **quién** 누구 | **compartir** 함께하다, 공유하다 | **piso** 아파트, 층 | **diseñador** 디자이너

3 **algún** 어떤, 어느 | **parecer** ~으로 보이다 | **prisa** 급함 | **mirar** 바라보다 | **mira** 봐라 (tú 긍정명령) | **deber inf.** ~해야 한다 | **revisar** 체크하다 | **correo electrónico** 전자우편, 이메일 | **acabar de inf.** 막 ~했다 | **chequear**(AmL) 체크하다

4

A ¿Qué hora es ?
께 오라 에스

B Es la una.
에스 라 우나

A Ahora debo entrar al chat para charlar con Lola.
아오라 데보 엔뜨라르 알 찰 빠라 차를라르 꼰 롤라

B Es muy útil el Internet.
에스무이 우띨 엘 인떼르넽

A 몇 시니?
B 1시야.
A 지금 롤라와 인터넷 채팅을 해야 해.
B 인터넷이 정말 유용하네.

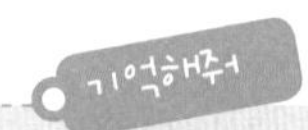

시간(hora)은 여성명사이므로 관사는 여성형을 사용한다. 30분은 영어의 half에 해당하는 medio의 여성형을 사용하고 15분은 quarter에 해당하는 cuarto를 사용한다. 두 시부터는 ser의 복수형 son을 쓴다.

Es la una.	1시입니다.
Es la una y media.	1시 30분입니다.
Son las dos.	2시입니다.

숫자(número)

0	1	2	3	4	5	6	7	8	9	10
cero	uno	dos	tres	cuatro	cinco	seis	siete	ocho	nueve	diez
11	12	13	14	15	16	17	18	19	20	21
once	doce	trece	catorce	quince	dieciséis	diecisiete	dieciocho	diecinueve	veinte	veintiuno

5

A ¿A qué hora empieza la conferencia sobre el ciberespacio?
아 께 오라 엠삐에사 라 꼰페렌씨아 소브레 엘 씨베레스빠씨오

B A las dos. Ahora es la una y veinte.
아 라스도스 아오라 에스 라 우나 이 베인떼

A Podemos llegar a la universidad antes de las dos.
뽀데모스 예가르 아 라 우니베르시닫 안떼스 데 라스 도스

B Sí, pero tengo hambre. Quiero comer patatas fritas.
씨 뻬로 뗑고 암브레 끼에로 꼬메르 빠따따스 프리따스

A 사이버 세계에 대한 강연이 몇 시에 시작하니?
B 2시에. 지금 1시 20분이야.
A 2시 전에 우리가 대학교에 도착할 수 있어.
B 그래, 근데 나 배고프다. 감자튀김이 먹고 싶어.

6

A ¿Qué fecha es hoy?
께 페차 에스 오이

B Hoy es dos de abril.
오이 에스 도스 데 아브릴

A Un técnico viene a mi casa a repararme el ordenador.
운 떽끄니꼬 비에네 아 미 까사 아 레빠라르메 엘 오르데나도르

B ¿No funciona bien?
노 푼씨오나 비엔

A 오늘 며칠이니?
B 오늘은 4월 2일이야.
A 오늘 기술자 한 분이 내 컴퓨터를 수리하러 우리 집에 오신다.
B 잘 작동하지 않니?

기억해줘

월(mes)

enero	1월	mayo	5월	septiembre	9월
febrero	2월	junio	6월	octubre	10월
marzo	3월	julio	7월	noviembre	11월
abril	4월	agosto	8월	diciembre	12월

단어

4 **hora** 시간 | **entrar en/a** ~에 들어가다 | **chat** (영어)chat room, chat | **charlar** 이야기하다 *명사는 charla임 | **útil** 유용한
* usar 사용하다
* 인터넷 채팅을 chateo라고도 하며 동사는 chatear이다.

5 **a** ~에, ~로(at, to) | **a qué hora** 몇 시에 | **empezar** 시작하다(empiezo empiezas empieza empezamos empezáis empiezan) | **sobre** ~에 대해 | **ciberespacio** 사이버 공간 | **antes** 전에 | **antes de** ~전에 | **hambre**(f) 배고픔 | **patata** 감자 | **papa** 감자(AmL) **frito** 튀긴

6 **fecha** 날짜 | **técnico** 기술자 | **venir a** ~하러 오다(vengo vienes viene venimos venís vienen) | **me** 나에게 (간접목적대명사가 reparar 동사원형에 붙을 수 있다) | **ordenador** 컴퓨터 | **computadora** 컴퓨터(AmL) | **funcionar** 작동하다

Diálogo

A Tú navegas por Internet y no haces los deberes.
뚜 나베가스 뽀르 인떼르넽 이 노 아쎄스 로스 데베레스

B Este ordenador no funciona bien y por eso es muy lenta la velocidad. ¿Por qué
에스떼 오르데나도르 노 푼시오나 비엔 이 뽀르 에소 에스무이 렌따 라 벨로씨닫 뽀르 께

no me compras un nuevo ordenador? Yo quiero jugar en línea con mis amigos.
노 메 꼼쁘라스 운 누에보 오르데나도르 요 끼에로 후가르 엔 리네아 꼰 미스 아미고스

Necesito un nuevo ordenador portátil de buena marca.
네세시또 운 누에보 오르데나도르 뽀르따띨 데 부에나 마르까

A Tú sabes que en el mundo todavía hay muchos niños que no tienen acceso a
뚜 사베스 께 엔 엘 문도 또다비아 아이 무초스 니뇨스 께 노 띠에넨 악세소 아

Internet. En tu caso, todos los días entras a Internet y navegas por el ciberespacio.
인떼르넽 엔 뚜 까소 또도스 로스 디아스 엔뜨라스 아 인떼르넽 이 나베가스 뽀르 엘 씨베레스빠씨오

B Un buen cibernauta debe estar todo el día frente al ordenador, ¿no?
운 부엔 씨베르나우따 데베 에스따르 또도 엘 디아 프렌떼 알 오르데나도르 노

단어

navegar 항해하다 | **por** ~쪽으로
lento 느린 | **velocidad**(f) 속도
jugar 영어 play
en línea 온라인 | **con** ~와
ordenador portátil 노트북 컴퓨터
marca 상표, 브랜드
tú sabes que = you know that
mundo 세상
niños que ~하는 아이들(children who)
acceso a ~에 접근(access to)
buen bueno의 어미 탈락형
cibernauta = internauta 네티즌
todo el día 하루 종일
frente a (마주하고) 앞에

A 너는 숙제는 하지 않고 인터넷만 하는구나.

B 이 컴퓨터가 잘 되지 않아요. 그래서 속도가 느리다구요. 새 컴퓨터를 사 주시면 안 되는 거예요? 친구들과 온라인 게임을 하고 싶어요. 좋은 상표의 새 노트북이 필요해요.

A 너는 알지, 세상에 아직 많은 아이들이 인터넷 사용을 못 하고 있잖니. 네 경우 날마다 인터넷에 접속하잖아.

B 훌륭한 네티즌은 하루 종일 컴퓨터 앞에 있어야 해요, 아닌가요?

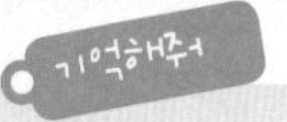

형용사 bueno는 뒤에 남성 단수가 오면 o가 탈락한다.

un buen muchacho
한 좋은 소년

una buena muchacha
한 좋은 소녀

소유 형용사
mi amigo 나의 친구
mis amigos 나의 친구들

Nota cultural

Apellido 성(姓)

Titicaca호

스페인어권에서는 자식이 부모의 성을 모두 사용한다.

물론 시대가 바뀌면서 성과 이름을 붙이는 문제에도 많은 변화가 생겨났다.

여기 스페인어 이름들을 한 번 불러보자! 언젠가 알게 될 사람의 이름일지도 모르겠다.

Pedro Ruiz Galván, Felipe Pérez, Cristina Aguilera
Margarita Mackenzie, Esteban Herrera, Gloria Estefan,
Roberto Rodríguez

CAPÍTULO 7

교통

Objetivos

1. 왕래동사
2. 소유형용사

1

A ¿Qué número de autobús tengo que tomar para ir al museo?
께 누메로 데 아우또부스 뗑고 께 또마르 빠라 이르 알 무세오

B Tiene que tomar el autobús número 12.
띠에네 께 또마르 엘 아우또부스 누메로 도세

A Mil gracias, muy amable.
밀 그라씨아스 무이 아마블레

B De nada, señora.
데 나다 세뇨라

A 박물관에 가려면 몇 번 버스를 타나요?
B 12번 버스를 타셔야 해요.
A 정말 고맙수, 참 친절도 하지.
B 별말씀을요, 아주머니.

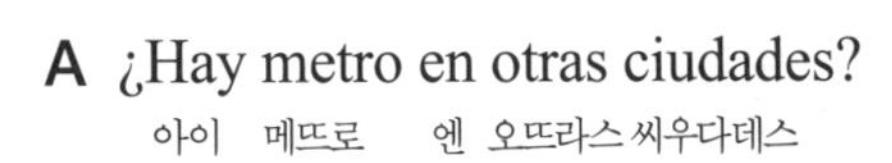

길 등을 물어보기 전에 '실례해요'를 뜻하는 disculpe를 사용하는 게 좋다.

2

A ¿Hay metro en otras ciudades?
아이 메뜨로 엔 오뜨라스 씨우다데스

B Sí, claro. El metro es un medio de transporte muy útil.
씨 끌라로 엘 메뜨로 에스 운 메디오 데 뜨란스뽀르떼 무이 우띨

A ¿Siempre hay mucha gente en el andén?
씨엠쁘레 아이 무차 헨떼 엔 엘 안덴

B A estas horas mucha gente espera el tren.
아 에스따스 오라스 무차 헨떼 에스뻬라 엘 뜨렌

A 다른 도시들에도 전철이 있나요?
B 네, 물론이죠. 전철은 매우 유용한 교통편이에요.
A 항상 승강장에는 사람들이 많아요?
B 이런 시간에는 많은 사람들이 열차를 기다리죠.

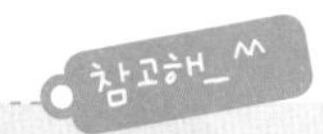

un medio de transporte muy útil : 형용사 útil이 medio를 수식한다.

3

A ¿A qué hora sale el próximo tren para Madrid?
아 께 오라 살레 엘 쁘록시모 뜨렌 빠라 마드릳

B Hay un tren dentro de media hora.
아이 운 뜨렌 덴뜨로 데 메디아 오라

A De acuerdo. Un billete de segunda clase, por favor.
데 아꾸에르도 운 비예떼 데 세군다 끌라세 뽀르 파보르

B Sale del andén número tres.
살레 델 안덴 누메로 뜨레스

A 마드리드행 다음 열차가 몇 시에 출발하나요?
B 30분 뒤에 열차가 있어요.
A 알겠어요, 이등석 표 한 장 부탁해요.
B 3번 플랫폼에서 출발합니다.

왕래동사 llegar, salir, volver, ir, venir

llegar	도착하다	llego llegas llega llegamos llegáis llegan
salir	출발하다, 나가다	salgo sales sale salimos salís salen
volver	돌아가다, 돌아오다	vuelvo vuelves vuelve volvemos volvéis vuelven
ir	가다	voy vas va vamos vais van
venir	오다	vengo vienes viene venimos venís vienen

llegar 동사를 제외하고 모두 불규칙 동사이므로 따로 암기해야 한다.
salir 동사는 1인칭 단수만 불규칙이다.

단어

1 **número** 번호 | **tener que** ~해야 한다(have to) | **tomar** 타다 (take) | **museo** 박물관 | **mil** 천 | **de nada** 천만에요

2 **metro** 전철 | **medio de transporte** 교통편 | **útil** 유용한 | **poco** 적은(little, few) | **andén** 플랫폼 | **gente** 사람들 | **esperar** 기다리다 | **tren** 열차

3 **ferrocarril** 철로, 철도 | **salir** 출발하다, 나가다 | **dentro de media hora** 30분 지나서(in half an hour) | **de acuerdo** OK(I agree) | **billete** 표 | **segundo** 두 번째

4

Después de subir a bordo
데스뿌에스 데 수비르 아 보르도

A Su atención, por favor, señores pasajeros...
수 아뗀씨온 뽀르 파보르 세뇨레쓰 빠사헤로스

B Señorita. Si tengo sed, ¿qué hago?
세뇨리따 씨 뗑고 쎋 께 아고

A Durante el vuelo hay servicio de bebidas.
두란떼 엘 부엘로 아이 세르비시오 데 베비다스

B Ay, este cinturón de seguridad no funciona bien.
아이 에스떼 씬뚜론 데 세구리닫 노 푼씨오나 비엔

(탑승 후에)
A 승객 여러분에게 알려드립니다……
B (스튜어디스) 아가씨, 목마르면 어쩌죠?
A 비행 중에 음료 서비스가 있어요.
B 아이, 이 안전벨트가 잘 안 되네.

기억해줘

소유형용사 전치형 : 명사 앞에 위치한다.

mi 나의	nuestro 우리의
tu 너의	vuestro 너희의
su 그(녀)의, 당신의	su 그(녀)들의, 당신들의

Nuestros discos compactos son muy baratos.
우리 CD들은 매우 값이 싸다.
* 소유형용사도 명사의 성수에 따라 성수가 변화한다.
nuestro casa (x) nuestra casa (o)

5

En el aeropuerto
엔 엘 아에로뿌에르또

A Buenas tardes, señor. ¿Puedo ver su pasaporte?
부에나스 따르데스 세뇨르 뿌에도 베르 수 빠사뽀르떼

B Aquí tiene.
아끼 띠에네

A ¿Tiene Ud. algo que declarar?
띠에네 우스뗃 알고 께 데끌라라르

B No. Solo llevo ropa y una botella de vino.
노 솔로 예보 로빠 이 우나 보떼야 데 비노

(공항에서)

A 좋은 오후입니다, 선생님. 당신의 여권을 볼 수 있겠습니까?
B 여기 있습니다.
A 신고할 것 있으십니까?
B 아니요. 옷하고 포도주 한 병뿐이에요.

참고해_^

aquí tiene (usted) 여기 있어요 (여기 당신이 갖습니다)
tener + 목적어 que 동사원형 : ~할 ~을 가지고 있다

6

A Amor mío, ¿vamos a Busan en autobús o en tren?
아모르 미오 바모스 아 부산 엔 아우또부스 오 엔 뜨렌

B El autobús es barato, pero el tren es más rápido.
엘 아우또부스 에스 바라또 뻬로 엘 뜨렌 에스 마스 라삐도

A ¿Cuánto tardamos en tren?
꾸안또 따르다모스 엔 뜨렌

B Unas dos horas. Podemos volver a casa esta noche.
우나스 도스 오라스 뽀데모스 볼베르 아 까사 에스따 노체

A 여보, 우리 부산에 버스로 가요 아니면 기차로 가요?
B 버스가 싸지만 열차가 더 빠르잖아
A 얼마나 걸려요 기차로는?
B 약 2 시간쯤. 오늘 밤에 집에 돌아올 수 있어.

기억해줘

소유형용사 후치형 : 명사 뒤에 위치한다.

mío 나의	tuyo 너의	suyo 그(녀)의, 당신의
nuestro 우리의	vuestro 너희의	suyo 그(녀)들의, 당신들의

¡Hijo mío! 아들아!
¡Dios mío! 영어 My God!에 해당함

Podemos : poder (~할 수 있다)는 불규칙 동사임
(puedo puedes puede podemos podéis pueden)

단어

4 **después de** ~후에 | **subir** 오르다 | **a bordo** 기내에, 배 안에 | **su** 당신들의 | **atención, por favor** attention, please | **pasajero** 승객 | **señorita** 아가씨(Miss) | **sed** 갈증 | **bebida** 음료 | **cinturón de seguridad** 안전벨트

5 **su** 당신의 | **pasaporte** 여권 | **llevar** 가져가다, 지니다 | **ropa** 옷 | **botella** 병 | **vino** 포도주

6 **amor** 사랑 | **mío** 나의 | **ir** 가다 (voy vas va vamos vais van) | **en autobús** 버스로 | **más** 더 | **cuánto** 얼마나(how much / how many) | **tardar** 걸리다 | **unos/unas** 대략, 몇 개의 | **volver** 돌아오다(= regresar)

Diálogo

A Señor Sánchez, ¿dónde trabaja?
세뇨르 산체스 돈데 뜨라바하

B Trabajo en una oficina. Exporto vino y queso. ¿Estudia Ud. francés?
뜨라바호 엔 우나 오피씨나 엑(에)스뽀르또 비노 이 께소 에스뚜디아 우스뗀 프란쎄스

A Sí. Hay una escuela de idiomas en la calle Modelia. Voy allí en metro. Y usted,
씨 아이 우나 에스꾸엘라 데 이디오마스 엔 라 까예 모델리아 보이 아이 엔 메뜨로 이 우스뗀

¿va a la oficina en coche o en autobús?
바 아 라 오피씨나 엔 꼬체 오 엔 아우또부스

B Voy a pie. ¿Cuánto tarda usted en llegar a la escuela?
보이 아 삐에 꾸안또 따르다 우스뗀 엔 예가르 알 라 에스꾸엘라

A Tardo media hora. El metro es un buen medio de transporte. Podemos leer o
따르도 메디아 오라 엘 메뜨로 에스 운 부엔 메디오 데 뜨란스뽀르떼 뽀데모스 레에르 오

descansar.
데스깐사르

B ¡Claro! A veces cojo el autobús para ir a la oficina y siempre está lleno de
끌라로 아 베쎄스 꼬호 엘 아우또부스 빠라 이르 알 라 오피씨나 이 씨엠쁘레 에스따 예노 데

gente y es muy lento. Es bueno ir a pie para la salud.
헨떼 이 에스 무이 렌또 에스 부에노 이르 아 삐에 빠라 라 살룯

A Tiene razón. Hasta luego, Sr. Sánchez.
띠에네 라쏜 아스따 루에고 세뇨르 산체스

B Adiós, que le vaya bien.
아디오스 께 레 바야 비엔

단어

exportar 수출하다
escuela de idiomas 랭귀지스쿨
a pie 걸어서
tardar (시간) 걸리다
medio de transporte 교통편
descansar 쉬다
coger 타다, 잡다(catch)
estar lleno de ~로 가득한(be full of)
gente(f) 사람들
salud 건강
razón 이성, 이유(reason)
tiene razón you're right
que le vaya bien 헤어질 때 인사
* 회화표현으로 암기한다.

A 산체스 씨, 어디에서 일하세요?

B 한 사무실에서 일해요. 포도주와 치즈를 수출합니다. 당신은 불어를 공부하시나요?

A 네. 모델리아 거리에 랭귀지스쿨이 있어요. 전철로 거기에 가요. 당신은 사무실에 차를 직접 운전해 가시나요 아니면 버스로 출근하시나요?

B 걸어가요. 당신은 학교에 도착하는 데 얼마나 걸리나요?

A 반 시간 걸려요. 전철이 좋은 교통편이에요. 독서를 하거나 쉴 수도 있고요.

B 물론이에요. 가끔 저는 사무실에 가기 위해 버스를 타는데 항상 버스가 사람들로 가득하고 매우 느리지요. 걸어가는 것이 건강에 좋지요.

A 당신 말이 맞아요. 나중에 봬요, 산체스 씨.

B 안녕히 가세요.

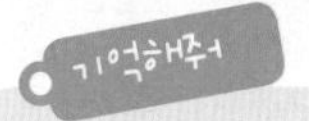

동사원형은 동명사도 되기 때문에 주어로 사용할 수 있다.

Es bueno ir a pie para la salud.
걸어 가는 것은 건강에 좋다.

Es difícil hacer el trabajo.
그 일을 하는 것은 어렵다.

Es fácil aprender español.
스페인어를 배우는 것은 쉽다.

Nota **cultural**

스페인어 의성어

멍멍! 이것은 개가 짖을 때 내는 소리다. 미국에서는 바우와우! 할 것이다. 그럼 스페인에서는 어떤 소리가 날까? 문 두드리는 소리는 어떻게 다를까? 스페인과 한국은 상당히 차이가 난다고 하는데, 영어와 스페인어 사이에도 차이가 클까? 우리 한 번 스페인어로 여러 소리들을 즐겁게 내보면서 새로운 세상으로 들어가 보자!

el perro (개)	guau guau	el gato (고양이)	miau
una bomba (폭탄)	¡bum!	el reloj (시계)	tic tac
la puerta (노크 시 문)	pam, pam, pam	la campana (종)	din don
찰싹!	¡zas!	쳇!	¡psch!
el gallo (수탉)	quiquiriquí		

CAPÍTULO 8

쇼핑

Objetivos

1. 직접 목적대명사
2. saber 와 conocer 동사

1

A ¿Qué desea?
께 데세아

B Quiero un kilo de sardinas.
끼에로 운 킬로 데 사르디나스

A Aquí tiene. Son siete euros. ¿Algo más?
아끼 띠에네 손 씨에떼 에우로스 알고 마스

B Nada más, gracias.
나다 마스 그라씨아스

A 무엇을 원하세요?
B 정어리 1kg 주세요.
A 여기 있습니다. 7 유로입니다. 뭐 더 필요하세요?
B 아니요. 고맙습니다.

기억해줘

Son siete euros : 가격이 1유로인 경우는 es un euro 단수를 사용한다. 달러로는 son siete dólares, es un dólar로 각각 표현된다.

algo와 nada : algo는 긍정문에 사용한다. 영어 something, anything에 해당. nada는 부정문에 사용하며 nothing, anything에 해당.

2

A ¿Cómo quiere Ud. la camisa? ¿La quiere blanca o de color?
꼬모 끼에레 우스뗀 라 까미사 라 끼에레 블랑까 오 데 꼴로르

B La quiero de color.
라 끼에로 데 꼴로르

A ¿De qué color la quiere?
데 께 꼴로르 라 끼에레

B Azul, por favor. ¿Cuánto cuesta?
아쑬 뽀르 파보르 꾸안또 꾸에스따

A 셔츠는 어떻게 된 걸 원하세요? 흰 거요 아니면 색이 있는 거요?
B 색깔 있는 것을 원해요
A 무슨 색의 것을 원하세요?
B 파란색 주세요. 얼마예요?

기억해줘

영어에서 나를, 그를이라고 말할 때 me, him을 사용하는데 스페인어에서는 다음과 같다.

직접 목적대명사

me	나	nos	우리
te	너	os	너희
lo, la	그, 그녀	os, las	그들을, 그녀들을, 당신들을

① 목적대명사는 동사 앞에 위치하는데, 동사원형 뒤에 붙일 수도 있다.
Ella lo ama. 그녀는 그를 사랑한다.
Lo tengo que ver. = Tengo que verlo. 나는 그를 보아야 한다.

② 사물도 사람처럼 간주되어 3인칭을 사용하면 된다.
Ella compra un libro. → Ella lo compra. 그녀는 그것을 산다.
Yo escucho música clásica. → Yo la escucho. 나는 그것을 듣는다.
(música는 여성명사이다.)

참고
본문에서 형용사 blanco는 동사 앞에 위치한 la를 수식하기 위해 여성형 blanca로 바뀌었다.

3

A María, ¿conoces el Rastro?
마리아 꼬노세스 엘 라스뜨로

B Sí. Es un mercado al aire libre.
씨 에스 운 메르까도 알 아이레 리브레

A Dicen que allí hay de todo.
디센 께 아이 아이 데 또도

B ¡Claro!
끌라로

A 마리아야, 너는 el Rastro를 알고 있니?
B 응. 노천시장이야.
A 거기에는 뭐든지 다 있다고 하던데.
B 물론!

기억해줘

(1) conocer와 saber 동사 : '~알다'의 뜻으로 conocer는 사람이나 장소에 대해서 그리고 saber는 정보적 성격의 사실에 대해 사용하거나 동사원형과 결합해 '~할 줄 안다'의 용법으로 쓰인다.
Yo conozco Londres. 나는 런던을 안다.
Sabemos su dirección. 우리는 그의 주소를 알고 있다.
Ella sabe hablar japonés. 그녀는 일어를 말할 줄 안다.

(2) dicen que : ~라고들 한다
decir (영어, say, tell) - digo dices dice decimos decís dicen

단어

1 **sardina** 정어리 | **euro** 유로 | **algo** 뭔가 | **más** 더 | **nada** 아무것도

2 **cómo** 어떻게(how) | **camisa** 셔츠 | **la** 그것을 | **blanco** 흰 | **de color** 색깔 있는 | **azul** 파란(색) | **por favor** 부탁해요(please) | **costar** 비용이 들다 (cuesto cuestas cuesta costamos costáis cuestan)

3 **conocer** 알다 (conozco conoces conoce conocemos conocéis conocen) | **el Rastro** 스페인 마드리드에 있는 노천 시장 이름 | **al aire libre** 노천에서 | **de todo** 뭐든지 다 | **claro** 당연하지

4

A Quiero comprar este ordenador portátil. ¿Cuánto cuesta?
끼에로 꼼쁘라르 에스떼 오르데나도르 뽀르따띨 꾸안또 꾸에스따

B Un momento, por favor. A ver... Pido sólo dos mil euros.
운 모멘또 뽀르 파보르 아 베르 삐도 솔로 도스 밀 에우로스

A ¡Dos mil euros! Es demasiado. No traigo tanto dinero.
도스 밀 에우로스 에스 데마씨아도 노 뜨라이고 딴또 디네로

B Este ya tiene un descuento del veinte por ciento.
에스떼 야 띠에네 운 데스꾸엔또 델 베인떼 뽀르 씨엔또

A 이 노트북 컴퓨터를 사고 싶어요. 얼마예요?
B 잠깐만요. 어디 봅시다……. 2천 유로만 받을게요.
A 2천 유로라! 너무해요. 전 그렇게나 많은 돈을 가져오지 않았는데.
B 이것은 이미 20% 할인된 건데요.

참고해_^^

¿Cuánto cuesta? : 얼마예요?(노트북이 주어인데 생략되었음)
costar 비용이 들다 (cuesto cuestas cuesta costamos costáis cuestan)
¿cuánto es? : 구매하고자 고른 물건이 모두 얼마냐고 물을 때 사용한다.

5

A Ana, ¿vas de compras a menudo?
아나, 바스 데 꼼쁘라스 아 메누도

B Sí, siempre salgo de las tiendas con mucha ropa.
씨 씨엠쁘레 살고 데 라스 띠엔다스 꼰 무차 로빠

A Tienes que aprender a evitar las tentaciones.
띠에네스 께 아쁘렌데르 아 에비따르 라스 뗀따씨오네스

B ¡Increíble! Hoy todo está barato.
인끄레이블레 오이 또도 에스따 바라또

A 아나야, 너는 자주 쇼핑 가니?
B 응, 항상 많은 옷을 사들고 상점을 나오지.
A 너는 유혹들을 피하는 법을 배워야겠다.
B 우와! 오늘은 다 값이 싸구나.

참고해_^^

ir de compras : 쇼핑 가다
a menudo : 자주
aprender a inf. : ~하는 것을 배우다
aprender 뒤에 동사원형이 오면 꼭 전치사 a가 필요하다.

6

A ¿Qué quieres comprar?
　께　끼에레스　꼼쁘라르

B Quiero comprar un diccionario.
　끼에로　꼼쁘라르　운 딕시오나리오

A Yo necesito una falda.
　요 네세시또　우나 팔다

B Ummm... Mira, mamá, aquel modelo está de moda.
　음...　미라　마마　아껠　모델로　에스따 데 모다

A 무엇을 사고 싶니?
B 사전을 사고 싶어요.
A 나는 스커트 하나 필요해.
B 음…… 봐봐, 엄마. 저 모델이 유행이야.

참고해_^^

estar de moda ~ 유행이다

단어

4 **ordenador** 컴퓨터 | **portátil** 휴대의 | **pedir** 요구하다 | **demasiado** 지나치게, 너무 많은 | **traer** 가지고 오다 (traigo traes trae traemos traéis traen) | **tanto** 그렇게 많이, 그렇게 많은 | **dinero** 돈 | **ya** 이미, 곧, 이제 | **descuento** 할인 | **veinte** 20 | **por ciento** 퍼센트

5 **compra** 구매 | **salir de** ~에서 나가다 | **tienda** 상점 | **evitar** 피하다 | **tentación** 유혹(복수 시 강세부호 탈락) | **increíble** 믿을 수 없는

6 **diccionario** 사전 | **falda** 스커트 | **necesitar** 필요하다 | **nuevo** 새로운 | **mirar** 바라보다 | **aquel** 저(that) | **modelo** 모델 | **moda** 패션, 유행
* papá 아빠
* el Papa 교황
* la papa 감자

Diálogo

A ¿En qué puedo servirle?
엔 께 뿌에도 세르비를레

B ¿Tiene latas de atún?
띠에네 라따스 데 아뚠

A Sí. ¿Cuántas quiere?
씨 꾸안따스 끼에레

B Si las tiene grandes, quiero dos.
씨 라스 띠에네 그란데스 끼에로 도스

A Muy bien... ¿Quiere algo más?
무이 비엔 끼에레 알고 마스

B No, gracias. Ah, ¿conoce usted algún buen restaurante cerca de aquí?
노 그라시아스 아 꼬노세 우스뗀 알군 부엔 레스따우란떼 세르까 데 아끼

A Sí, hay un buen restaurante mexicano a la derecha de la panadería Chévere.
씨 아이 운 부엔 레스따우란떼 메히까노 알 라 데레차 데 라빠나데리아 체베레

Todo el mundo sabe que allí hacen unos tacos exquisitos los viernes.
또도 엘 문도 사베 께 아이 아쎈 우노스 따꼬스 엑스끼시또스 로스 비에르네스

Conozco a su cocinero.
꼬노스꼬 아 수 꼬시네로

B Sí, muchas gracias, es usted muy amable.
씨 무차스 그라씨아스 에스 우스뗀 무이 아마블레

A Para servirle. Muy buenas tardes.
빠라 세르비를레 무이 부에나스 따르데스

단어

servir 영어의 serve에해당한다
en qué 무엇에서
puedo 나는~ 할 수 있다
le 당신을
lata 캔
atún 참치
las 그것들을
cuánto how many * cuántas (latas)
algún 어떤
panadería 빵가게
todo el mundo 모든 사람, 전 세계
que 접속사(that)
allí 저기
exquisito 절묘한
cocinero 요리사
para servirle 영어 at your service

A 무엇을 제가 도와드릴까요?

B 참치 통조림 있나요?

A 네, 몇 개나 원하세요?

B 큰 것이 있으면 두 개 주세요.

A 네, 그러죠……. 뭐 더 원하시는 거 있으세요?

B 아니, 괜찮습니다. 아, 여기 근처에 좋은 식당 하나 아시나요?

A 네, 체베레 빵집 오른쪽에 괜찮은 멕시코 식당이 있어요. 거기에서 매주 금요일에 맛이 훌륭한 따꼬를 만들어 주는 것을 사람들은 다 알아요. 제가 그 식당 요리사를 알아요.

B 네. 정말 고맙습니다, 매우 친절히 해 주셔서.

A 언제라도 찾아주세요. 좋은오후 되세요.

기억해주세

(1) ¿En qué puedo servirle? / Para servirle
남자에게 '당신을'이라고 말할 때 스페인에서는 lo 대신에 le를 쓰기도 하며 대명사는 동사원형 뒤에 붙일 수도 있다.

(2) Si (usted) las tiene grandes
형용사 grande가 동사 뒤에서 las를 수식하면서 복수형으로 바뀌었다.

(3) 사람이 목적격으로 사용되면 전치사 a가 필요하다
Yo conozco a Pedro.
나는 뻬드로를 안다. (사람)
Yo conozco Londres.
나는 런던을 안다.

Nota cultural

¡Salud!

마추삐추

salud은 여성 명사로 건강이란 뜻이다. 우리는 하루에 건강이란 단어를 몇 번이나 사용할까. 스페인어권에서 ¡Salud!은 건배!라는 말로 술자리에서 사용한다. 또한 누군가 재채기(estornudo)를 했을 때 ¡Salud!이라고 하면 상대방은 Gracias.라고 답한다.

¡ Salud!

CAPÍTULO 9

나들이

Objetivos

1. 날씨 표현
2. 미래 표현
3. 의문사

1

A ¿A dónde van ustedes?

B Vamos al Parque de Chapultepec. ¿De dónde viene Ud.?

A Vengo de allí. Hace buen tiempo para merendar en el parque.

B Tiene razón. El día está muy bonito.

A 어디에들 가세요?
B 우리는 차뿔떼뻭 공원에 가요. 당신은 어디서 오시는 거예요?
A 저는 거기서 오는데요. 좋은 날씨예요, 차뿔떼뻭 공원에서 피크닉 갖기에.
B 당신 말이 맞아요. 날이 매우 좋아요!

¿De dónde viene? : de가 영어 from의 뜻으로 사용되었다.
hace buen tiempo : 날씨 표현 할 때 주어 없이 hacer 동사의 3인칭 단수를 사용한다.
(직역) 좋은 날씨를 만든다.
tener razón : 영어 you're right의 뜻이다.

2

A ¿Qué tiempo hace hoy, mamá? ¿Llueve?

B No, hijo mío. Hace sol, pero hace un poco de viento.

A Entonces, podemos subir a una montaña esta tarde.

B Claro.

A 엄마, 오늘 날씨는 어때요? 비 와요?
B 아니, 아들아. 날씨가 맑구나. 그러나 약간 바람이 분다.
A 그러면 오후에 등산할 수 있겠네요.
B 물론.

¿Qué tiempo hace? : 직역하면 '무슨 날씨를 만드는가'이다.
Llueve : 비가 오다 (llover 동사도 주어 없이 3인칭 단수를 사용한다.)
esta tarde : 직역하면 '이 오후'로 '오늘 오후'의 뜻이다.
* esta mañana 오늘 아침에 esta noche 오늘 밤에
Hace sol : (직역) 태양을 만든다.

3

A ¡Qué calor...! ¿Qué vas a hacer pasado mañana?

B Pues, voy a estudiar en casa.

A ¡Eres un ratón de biblioteca! ¿Por qué no vamos a la playa con María y con Carmen?

B De acuerdo. Voy a llamarte después de llegar a casa.

A 아 더워라! 너 뭐 할 거니 모레?
B 어~ 글쎄, 집에서 공부할래.
A 책벌레구나. 우리 마리아와 까르멘과 해변에 가는 게 어때?
B 좋아. 집에 도착한 뒤 너한테 전화할게.

기억해줘

qué + (명사) 감탄문

¡Qué calor! 웬 더위가!
¡Qué frío! 아이고 추워라!

ir a inf.는 영어 be going to가 된다.

Voy a comer ensalada. 나는 샐러드를 먹을 거야.
Ella va a llorar. 그녀는 울 것이다.
¿Qué vas a hacer? 너는 무엇을 할 거니?
Vamos a estudiar. 우리는 공부할래.
우리 공부하자!

¿por qué no vamos...?
왜 우리는 가지 않니? 즉 가자고 청하는 뜻이다.

단어

1 **a** ~에(to) | **parque** 공원 | **el Parque de Chapultepec** 멕시코에 있는 공원 이름 | **venir** 오다 (vengo vienes viene venimos venís vienen) | **allí** 저기에(there) | **tiempo** 날씨, 시간 | **merendar** 간식을 먹다 | **razón** 이성, 이유, 이치 | **bonito** 예쁜

2 **llover** 비가 오다 (lluevo llueves llueve llovemos llovéis llueven) | **sol** 태양 | **un poco (de)** 조금(의) | **viento** 바람 | **entonces** 그러면 (then) | **subir a** ~에 오르다 | **montaña** 산 | **claro** 당연하지, 밝은, 분명한

3 **calor** 더위 | **pasado mañana** 모레 | **pues** 저기 | **ratón de biblioteca** 책벌레 (직역하면 도서관의 쥐)

4

A ¿No nieva nunca en este país?

B En invierno nieva bastante y hace frío.

A Yo prefiero el otoño aunque a veces hace mucho viento.

B Aquí siempre hace calor en verano y por eso voy a la playa a menudo.

A 이 나라에서는 눈이 한번도 안 오니?
B 겨울에 꽤 눈이 내리고 춥단다.
A 나는 가을을 선호해. 비록 가끔 바람이 많이 불지만.
B 여기는 항상 여름에 덥단다. 그래서 자주 해변에 가.

부정어는 동사 뒤에 오면 동사 앞에 no를 사용해야 한다.

Nunca nieva. = No nieva nunca. 결코 비가 오지 않는다.
Nadie me llama. = No me llama nadie. 아무도 나한테 전화하지 않는다.

5

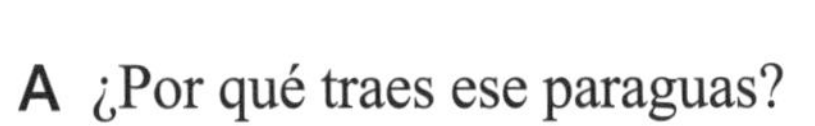

A ¿Por qué traes ese paraguas?

B A veces llueve en primavera y por eso lo necesitamos.

A Voy a regresar a este río a nadar.

B ¿Ya sabes nadar? Ummm...voy a aprender a nadar este verano.

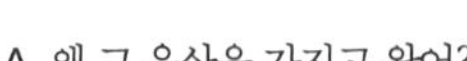

A 왜 그 우산을 가지고 왔어?
B 가끔 비가 온단다 봄에. 그래서 이것을 우리는 필요로 하지.
A 나는 다시 이 강에 돌아올래 수영하러.
B 벌써 수영할 줄 아니? 음…… 나는 수영하는 걸 배울 거야, 이번 여름에.

regresar 돌아오다
a nadar 수영하려고
aprender a inf. ~하는 것을 배우다

6

A Está nublado. Parece que va a llover.

B Tengo un paraguas y dos impermeables.

A ¡Qué bien! Estos días llueve con frecuencia. Tengo frío.

B Yo también. En estas montañas las temperaturas son muy bajas.

A 날이 흐리네. 비가 올 것 같구나.
B 내가 우산 하나와 비옷 둘을 갖고 있어.
A 아이고 잘 됐다! 요즘 비가 종종 오네. 지금 난 추워.
B 나도. 이 산에서는 기온이 매우 낮다.

날씨 표현에 estar와 hay도 사용된다.

Está nublado. 구름 낀 상태이다.
Hay niebla. 안개가 있다.

'춥다' 표현의 구분

Hace mucho frío. 날씨가 몹시 춥다.
Tengo mucho frío. 나는 몹시 춥다.

단어

4 **nevar** 눈이 내리다 | **invierno** 겨울 | **bastante** 충분히, 충분한 | **frío** 추위, 차가운 | **preferir** 선호하다 (prefiero prefieres prefiere preferimos preferís prefieren) | **aunque** ~이긴 하지만, 비록 ~일지라도 | **a veces** 가끔 | **viento** 바람 | **verano** 여름 | **por eso** 그래서 | **a menudo** 자주

5 **traer** 가지고 오다 (traigo traes trae traemos traéis traen) | **paraguas**(m) 우산 (단복수 동형임) | **primavera** 봄 | **río** 강 | **verano** 여름

6 **nublado** 구름 낀 | **estos días** 영어 these days | **con frecuencia** 종종 | **temperatura** 온도 | **bajo** 낮은, 키가 작은 | **montaña** 산 | **impermeable** 비옷

Diálogo

A ¿Qué vas a hacer este sábado?

B No sé. Ummm... pienso ir a la librería del centro de la ciudad. ¿A dónde quieres ir?

A Si hace buen tiempo con cielos despejados, quiero ir a la playa.

B Estupendo. Yo también quiero. ¿Quién más puede acompañarnos?

A Tal vez... Juan. ¿Cuándo vas a llamarlo?

B Ahora mismo. A ver... ¿Cuál es su número de teléfono celular?

A No lo tengo guardado en mi teléfono móvil. A propósito, ¿dónde podemos comprar bebidas y comida?

B Yo voy a prepararlas. Un momento, ¿a qué fecha estamos hoy?

A Estamos a 20 de mayo.

B ¡Caramba! Tengo que estudiar porque voy a hacer un examen de matemáticas el lunes.

A ¿Cómo?

단어

pensar inf. ~할 생각이다(pienso piensas piensa pensamos pensáis piensan)
ir a la playa 해변에 가다
cielo 하늘
despejado 맑게 개인
estupendo 좋지(great)
tal vez 아마

teléfono celular / teléfono móvil 핸드폰
guardar 보관하다
a propósito 그런데
guardado 동사 guardar의 과거분사

bebida 음료
comida 음식, 점심(Esp)
preparar 준비하다
fecha 날짜
cómo 뭐라고?, 어떻게 * 강세부호 없는 como는 ~처럼, ~같이(as, like)

A 이번 토요일에 무엇을 할 거니?

B 몰라. 음…… 시내 서점에 갈 생각이야. 너는 어디에 가고 싶니?

A 만약 맑게 개인 하늘에 날씨가 좋으면 해변에 가고 싶다.

B 좋지. 나도 가고 싶다. 누가 더 우리를 동반할 수 있을까?

A 아마…… 환이. 언제 전화할래?

B 지금 당장. 어디 보자…… 그의 핸드폰 번호가 뭐지?

A 내 핸드폰에 그것을 갖고 있지 않아. 그런데 우리 어디서 음료들과 음식을 살 수 있을까?

B 내가 그것들을 준비할게. 잠깐, 오늘 며칠이지?

A 5월 20일이야.

B 이런! 나는 공부해야 해, 왜냐하면 월요일에 수학 시험을 볼 것이거든.

A 뭐라고?

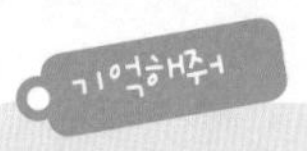

이름, 국적, 번호 등을 물을 때 영어와는 달리 which에 해당하는 cuál을 사용한다.

¿Cuál es tu nombre? 너의 이름은 무엇이니?
¿Cuál es tu edad? 너의 나이는 어떻게 되니?
¿Cuáles son sus aficiones?
당신이 좋아하는 것들(애호/취미)은 무엇입니까?

tener + 과거분사 + 목적어 = '~을 ~해 놓았다'라는 완료표현이 된다. 목적어의 성수에 따라 과거분사도 성수가 변화한다.

No lo tengo guardado.
나는 그것을 보관된 상태로 갖고 있지 않다.
→ lo가 직접 목적대명사이므로 동사 앞에 위치한다.

* 아래 예문들은 추후 다시 읽어 보자.

Ella tiene escritas tres tarjetas.
그녀는 카드 3통을 써 놓았다.

Tengo pensado salir para Singapur el jueves.
난 목요일에 싱가포르를 향해 출발할 것을 생각해 놓고 있다.

Tenemos previsto asistir a la fiesta.
우리는 그 파티에 참석을 예정해 놓았다.

날짜 묻기

¿Qué fecha es hoy? (오늘 무슨 날짜니?)
¿A qué fecha estamos hoy?
(오늘 우리는 무슨 날짜에 와 있니?)

Nota cultural

Los días festivos / Los días feriados 축일들

이과수 폭포

어머니의 날 (el Día de la Madre)과 아버지의 날 (el Día del Padre)을 따로 챙긴다. 발렌타인데이는 사랑에 빠진 연인들의 날 (el Día de los Enamorados)이라고도 한다. 콜롬부스 아메리카 발견 기념일은 스페인에서는 el Día de la Hispanidad 이라 하고 라틴아메리카에서는 el Día de la Raza로 부른다. 크리스마스 이브(la Nochebuena)와 크리스마스 (la Navidad)도 중요한 축일이다. 참고로 만우절 (el Día de los Inocentes)은 12월 28일이다.

여러분 생일 (cumpleaños)은 언제인가요?

CAPÍTULO

10

모임

Objetivos

1. 간접 목적대명사
2. gustar 동사
3. 명령법(1)

1

A Feliz cumpleaños, Roberto.

B Gracias.

A Vamos a apagar las velas del pastel de cumpleaños.

C ¡Ánimo! Sopla fuerte.

A 생일 축하해, 로베르또.
B 고마워.
A 우리 이제 생일 케익의 촛불들을 끄자.
C 힘내! 세게 불어라!

tú 긍정명령은 현재형 3인칭 단수를 사용한다.

Mira. 봐라!
Abre la ventana. 창문을 열어라.
Bebe leche. 우유를 마셔라.
¡Sopla! 불어라!

2

A ¡Salud!

B ¡Salud!

A Este bar es muy agradable, además los camareros son muy amables.

B Te gusta beber en bares con este ambiente, ¿no?

A 건배!
B 건배!
A 이 바는 아주 좋다. 게다가 웨이터들이 매우 친절하네.
B 너는 이런 분위기를 가진 바들에서 술 마시는 거 좋아하지, 안 그래?

기억해줘

간접 목적대명사 (~에게)
동사의 앞에 위치하거나 동사원형이나 현재분사 뒤에 붙을 수도 있다.

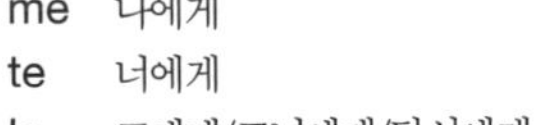

me	나에게	nos	우리에게
te	너에게	os	너희들에게
le	그에게/그녀에게/당신에게	les	그들에게/그녀들에게/당신들에게

El abogado me habla en español. 그 변호사가 나에게 스페인어로 말한다.
Tu tía nos compra muchos libros. 너의 고모가 우리에게 많은 책을 사 주신다.

gustar 동사 (~에게 즐거움을 주다)

Me gusta el café. 나는 커피를 좋아한다.(커피가 내게 즐거움을 준다.)
Me gustan las zanahorias. 나는 당근이 좋다.(당근들이 내게 즐거움을 준다.)
Te gusta bailar en discotecas. 너는 디스코텍에서 춤추는 것을 좋아하지.
(춤추는 것이 너에게 즐거움을 준다.) * 동사원형은 동명사이고 주어로 사용할 수 있다.
Nos gusta leer. 우리는 독서를 좋아해.(읽는 것이 우리에게 즐거움을 준다.)

3

A ¡Mirad! Allí está el novio de Ana.

B ¿Lo conoces también? Me cae bien.

A Todo el mundo sabe que él es mujeriego.

B ¡Cierra el pico! Me sonríe.

A 봐라들! 저기 아나의 애인이 있어.
B 너도 그를 아니? 나는 저 친구 마음에 들더라.
A 모든 사람이 다 알더라, 그가 바람둥이라는 걸.
B 입 다물어. 내게 미소를 짓는다.

기억해줘

vosotros 긍정명령 – 동사원형에 r을 떼고 d를 붙인다.

Estudiad hasta las tres. 3시까지 공부들 해라!
Tomad una aspirina. 너희들 아스피린 하나 먹어라.
Leed el periódico. 너희들 신문 읽거라.

caer 동사 용법

Me cae mal el chico. 그 남자애는 나에게 나쁘게 떨어진다. (내 마음에 안 든다.)
Nos cae bien la novia de Pedro. 뻬드로의 애인이 우리에게 잘 떨어진다.
(우리 마음에 든다.)

단어

1 **feliz** 행복한 | **cumpleaños** 생일 | **apagar** 끄다 | **vela** 초 | **pastel** 케익 | **ánimo** 힘 | **soplar** 불다 | **fuerte** 강한, 강하게 **2** **salud** 건강, 건배! | **agradable** 좋은, 기분좋게(유쾌하게) 하는 | **además** 게다가 | **amable** 친절한 | **te** 너에게 | **gustar** 즐거움을 주다 | **ambiente**(m) 분위기, 환경 **3** **mirar** 바라보다 | **novio** (남)애인, 신랑, 약혼자 | **caer** 떨어지다 (caigo caes cae caemos caéis caen) | **todo el mundo** 모든 사람들, 전 세계 | **saber que** ~임을 알다(know that) | **mujeriego** 여자 꽁무니 쫓아다니는 사내, 바람둥이 | **cierra** 닫아! (cerrar의 명령형) | **pico** 부리, 봉우리 | **sonreír** 미소짓다 (sonrío sonríes sonríe sonreímos sonreís sonríen) | **sonrisa** 미소 * risa 웃음

4

A Muchas gracias por invitarme a cenar.

B Bienvenido. Está en su casa.

A Le queda muy bien ese peinado.

B ¿De veras? Gracias. Otros invitados acaban de llegar y lo esperan en el cuarto de estar.

A 저를 저녁 식사에 초대해 주셔서 무척 감사드립니다.
B 환영해요. 편하게 계세요.
A 당신에게 아주 잘 어울리네요, 그 헤어스타일이.
B 정말요? 고마워요. 다른 손님들은 지금 막 도착해서 당신을 거실에서 기다립니다.

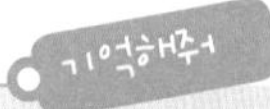

está en su casa 당신은 당신 집에 있다. 즉 '편히 있으라'는 말이다.
'환영합니다!'라고 여자에게 말할 때는 bienvenida라고 한다.

5

A Ya está lista la cena. Señor Kim, ¿le gusta la comida española?

B Sí, me gusta mucho, sobre todo, la paella. Es muy sabrosa.

A Si nos visita el miércoles que viene, le voy a preparar una paella.

B Muchas gracias.

A 자 저녁이 준비되었어요. 김 선생님, 스페인 음식 좋아해요?
B 네, 무척 좋아해요. 특히 빠에야요. 아주 맛있어요.
A 만약 오는 수요일에 우리를 방문하시면, 당신에게 빠에야를 준비할게요.
B 대단히 감사합니다.

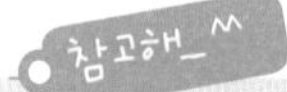

listo는 동사에 따라 뜻이 달라진다.

Soy listo. 나는 똑똑하다. listo = inteligente
Ella está lista. 그 여자는 준비되어 있다(상태이다). lista = preparada
¿Estás listo para salir? 너는 출발할 준비되었니?

6

A Le presento a mi hermano. Trabaja en Suiza y ahora está de vacaciones.

B Mucho gusto. ¿Desde cuándo trabaja allí?

C Desde el año pasado. Es un país muy hermoso.

B Yo pienso hacer un viaje por Suiza. Me gusta mucho viajar.

A 당신에게 내 동생을 소개하죠. 스위스에서 일하고 지금은 휴가 중이에요.
B 만나서 반갑습니다. 언제부터 거기에서 일하시는 거죠?
C 작년부터요. 아주 아름다운 나라죠.
B 저는 스위스를 여행할 생각이에요. 여행하는 것을 무척 좋아해요.

참고해_^^

pensar inf. ~할 생각이다.
(pienso piensas piensa pensamos pensáis piensan)

단어

4 **gracias por** ~에 대하여 감사합니다 | **invitar a** ~에 초대하다 | **cenar** 저녁 먹다 | **bienvenido/a** 환영받는 | **le** 당신에게 | **quedar** 상태이다, 남아 있다 | **ese/esa** 그 | **peinado** 헤어스타일 | **de veras** 정말? | **invitado** 초대손님 | **lo** 당신을 | **esperar** 기다리다 | **cuarto** 방, 15분, 네 번째 | **cuarto de estar** 거실

5 **ya** 벌써, 곧, 이제 | **listo** 준비된, 똑똑한 | **cena** 저녁 식사 | **española** español의 여성형 | **sobre todo** 특히 | **paella** 빠에야(쌀, 고기, 해산물, 야채 등을 이용한 스페인 요리) | **sabroso** 맛있는 | **si** 만약에 | **visitar** 방문하다 | **el miércoles que viene** 오는 수요일에

6 **presentar** 소개하다 | **hermano** 형제 | **Suiza** 스위스 | **estar de vacaciones** 휴가 중이다 | **desde** ~부터, ~이래(since, from) | **el año pasado** 작년에 | **hermoso** 아름다운 | **viajar** 여행하다

Diálogo

A Mañana tengo una cita con mi novia.

B ¿Dónde vas a verla?

A En un restaurante de comida rápida.

B Alberto, ¿te gusta la comida rápida?

A No tanto, pero como hamburguesas con queso a veces cuando tengo mucha hambre y no tengo tiempo para preparar algo de comer.

B A mi hermano Luisito le gusta mucho y por eso casi todos los días la toma.

A ¡Uy! Ya es adicto a la comida rápida.

B ¿Qué piensas sobre la legalización de las drogas?

A Estoy en contra del aborto. Debemos respetar la vida humana.

B ¿Cómo? ¿Qué dices? Hablamos de la legalización de las drogas.

A Perdona, pero estoy muy cansado y necesito descansar.

B Claro, está bien. Feliz fin de semana.

A Gracias, igualmente.

B Gracias, hasta luego.

단어

cita 약속
rápido 빠른, 빨리
tanto 그렇게나 많이(많은)
algo de comer 뭔가 먹을 것
adicto a ~에 중독된
sobre ~에 관하여, ~ 위에
en contra de ~에 반대하여
aborto 낙태
deber ~해야 한다(should)
respetar 존경하다, 존중하다
humano 인간의
legalización 합법화
droga 마약
perdonar 용서하다(excuse)
perdona 용서해!
descansar 쉬다
claro 당연해
feliz 행복한
fin 끝
semana 주
igualmente 같게(you too)

A 내일 여자 친구랑 데이트 있어.

B 넌 어디서 그녀를 볼 거니?

A 패스트푸드 식당에서.

B 알베르또, 너는 패스트푸드를 좋아하니?

A 그렇게나 많이는 아니야, 그러나 치즈버거를 가끔 먹어, 배가 몹시 고픈데 뭔가 먹을 것을 준비할 시간이 없을 때.

B 내 동생 루이스는 무척 좋아해. 그래서 거의 날마다 그 음식을 먹어.

A 야! 이미 패스트푸드 중독이네.

B 마약 합법화에 대해 어떻게 생각하니?

A 나는 낙태에 반대야. 우리는 인간 생명을 존중해야 해.

B 뭐라고? 뭐라고 하는 거야. 우리는 마약 합법화에 대해 말하는 거야.

A 미안. 내가 매우 피곤해서 쉴 필요가 있어.

B 당연해, 좋아. 즐거운 주말 보내라.

A 고마워. 너도.

B 고마워. 나중에 봐.

Nota **cultural**

La quinceañera 15세 소녀(생일파티)

스페인어권 나라들에서도 우리의 돌잔치나 회갑일 같이 특별히 중요하게 여기는 생일이 있다. 바로 15세 소녀의 생일이 그것인데, 이는 여자 아이에서 아가씨로 인정받는 성인식인 것이다. 부모님은 멋진 음악으로 댄스파티를 성대하게 열어 주는 게 보통이다. 파티는 당사자의 집이나 다른 장소를 빌려 열기도 한다. 친구들과 친척들이 모여서 춤추고 마시면서 생일을 축하해 주고 새벽까지 재미있게 즐긴다. 생일 축하 표현을 외워보자.

¡Feliz cumpleaños!

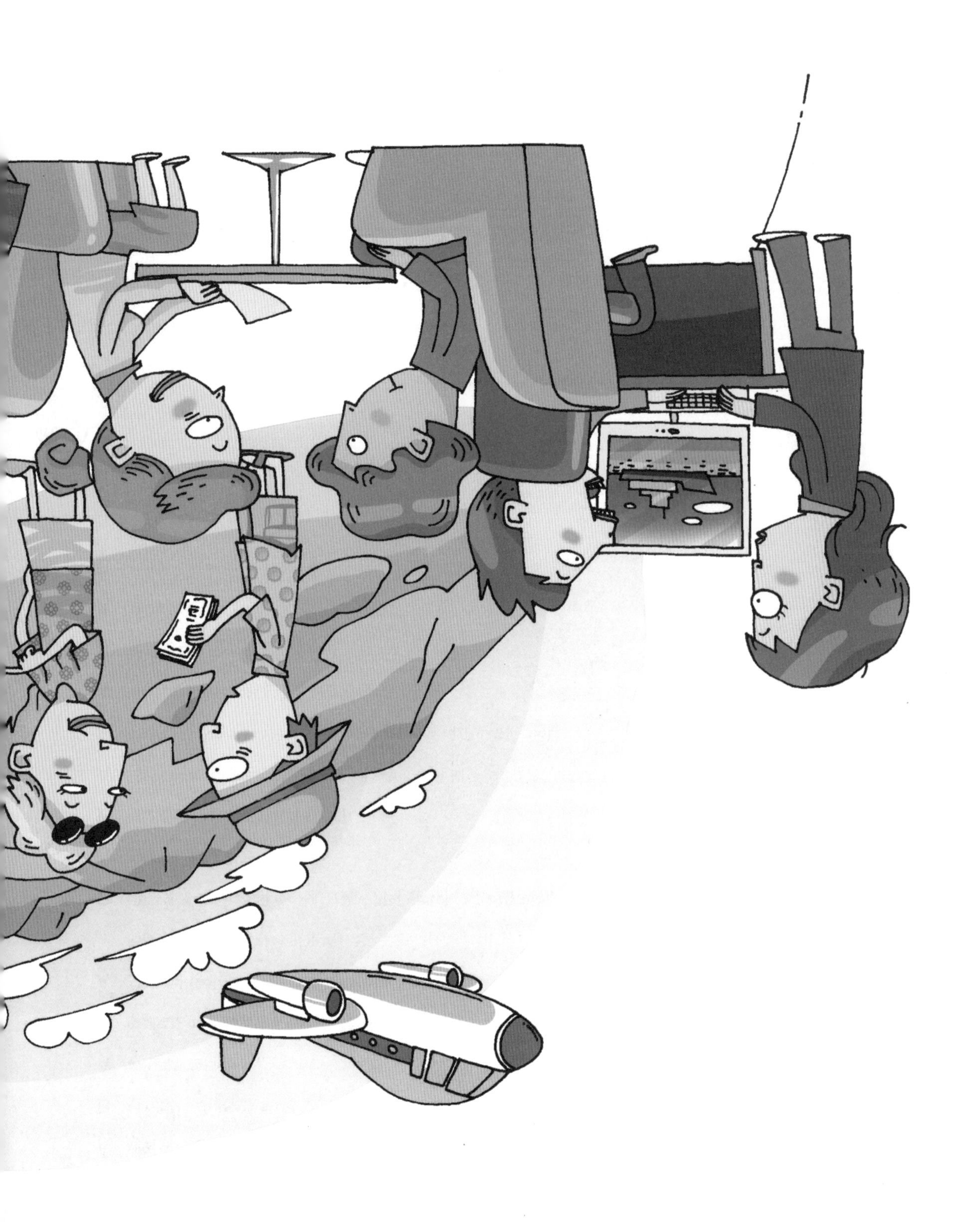

CAPÍTULO

11

여행

Objetivos

1. 비교법
2. 현재완료

1

A ¿Te gusta mucho viajar?

B Sí, he viajado por muchas partes de Asia y Europa.

A También me gusta viajar porque me encanta conocer gente interesante.

B ¿Por qué no hacemos un viaje por China durante las vacaciones de verano?

A 너는 여행하는 것을 많이 좋아하니?
B 응, 나는 아시아와 유럽의 많은 곳을 여행해 봤어.
A 나도 여행을 좋아해, 흥미로운 사람들을 알게 되는 것이 좋기 때문에.
B 이번 여름휴가 동안에 우리 중국으로 여행하는 게 어떻겠니?

기억해줘

① 현재완료는 (haber 동사의 현재형 + 과거분사)로 이루어진다.

② 과거분사는 동사원형 ar, er, ir을 각각 ado, ido, ido로 바꾸면 된다.
Ella nunca ha estado en Londres = (영어) She has never been to London.

③ encantar는 gustar와 용법이 같다.
Me encantan los postres de chocolate.
= (영어) I love chocolate desserts. * me = 나에게
Le encanta la comida japonesa.
= (영어) he really likes Japanese food. * le = 그에게

2

A ¿Te gusta más viajar en barco que en avión?

B Sí. Es más romántico y menos costoso.

A Cuando viajas, ¿prefieres hacer las reservaciones con un agente de viajes o por medio del Internet?

B Las hago por Internet porque es más cómodo.

A 너는 비행기보다는 배 타고 여행하는 것을 더 좋아하니?
B 응. 더 낭만적이고 비용이 덜 들지.
A 여행사 직원과 예약하는 것을 선호하니? 아니면 인터넷을 통해서?
B 인터넷으로 해, 더 편하잖아.

* reservación을 스페인에서는 reserva라고 한다.

3

A Buenas tardes. ¿Qué desea usted?

B ¿Tiene una habitación para esta noche?

A No, lo siento, el hotel está completo. Hoy han llegado al pueblo más turistas que ayer.

B ¿Hay otro hotel cerca de aquí?

A 안녕하세요. 무엇을 원하세요?
B 오늘 밤 사용할 방 있어요?
A 아니요, 죄송합니다. 호텔이 꽉 찬 상태입니다. 오늘 어제보다 더 많은 관광객들이 마을에 도착했거든요.
B 여기 근처에 다른 호텔 있어요?

기억해줘

우등비교는 más(영어 more)와 que(영어 than)를 사용한다.
Yo soy más alto que Juan. = 나는 환보다 더 키가 크다.

* 1번 대화 conocer gente interesante에서 사람이 목적격으로 사용되면 전치사 a를 써야 하지만 불특정인인 경우라 사용하지 않았다.

단어

1 **viajar por** ~로 여행하다 | **haber**(he has ha hemos habéis han) 완료시제 조동사임 | **viajado** viajar 동사의 p.p. | **parte**(f) 부분 | **porque** 왜냐하면 | **encantar** ~에게는 매혹적인 것이다 | **por qué** 왜(why) | **viaje** 여행 | **durante** ~동안에 (during) | **vacaciones de verano** 여름휴가 2 **más** 더 | **barco** 배 | **que** ~보다(than) | **avión**(m) 비행기 | **romántico** 낭만적인 | **menos** 덜 | **costoso** 비용이 나가는 | **cuando** ~할 때 | **preferir** 선호하다 (prefiero prefieres prefiere preferimos preferís prefieren) | **hacer las reservaciones** 예약하다 | **agente de viajes** 여행사 직원 | **por medio de** ~(수단)을 통해서 | **(el) Internet** 인터넷 | **las** 직접목적대명사(= las reservaciones) | **por** ~로, ~에 의해서 | **cómodo** 편안한 3 **sentir** 느끼다, 유감이다 (siento sientes siente sentimos sentís sienten) | **lo siento** I'm sorry | **completo** 꽉찬, 완전한(complete) | **han llegado** llegar 현재완료 | **pueblo** 마을, 국민, 민족 | **turista**(m) (f) 관광객 | **que** ~보다 | **ayer**어제

* anteayer 그저께 * anoche 어젯밤

4

A Perdón, ¿dónde podemos cambiar moneda extranjera?

B Mire, en el mostrador de enfrente.

A Muchas gracias, muy amable.

B De nada. Ah, y tienen que tener cuidado con los carteristas.
¡Ojo!

A 실례해요. 우리가 어디서 외화를 바꿀 수 있나요?
B 보세요, 정면에 있는 카운터에서요.
A 대단히 감사합니다, 매우 친절하시네요.
B 천만에요. 아, 그리고 소매치기에 조심해야 해요. 조심!

de nada / no hay de qué 천만에요

5

A Pienso hacer un viaje largo.

B Muy bien. ¿Adónde quiere viajar?

A Quiero ir a México, Venezuela, Perú, Colombia y Chile.

B ¿Quiere viajar en avión?

A Es más cómodo y más rápido. ¿Cuánto cuestan los billetes?

A 긴 여행을 생각하고 있습니다.
B 좋습니다. 어디로 여행하시려고요?
A 멕시코, 베네수엘라, 페루, 콜롬비아, 칠레에 가려고 해요.
B 항공편을 이용하시겠어요?
A 그게 더 편하고 더 빠르지요. 티켓이 얼마나 비용이 드는가요?

기억해줘

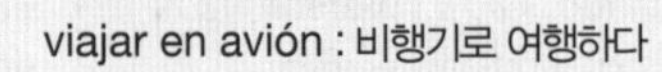

viajar en avión : 비행기로 여행하다

* El avión va a volar como un pájaro
(비행기는 한 마리 새처럼 날 것이다)

6

A ¿Has tomado el metro para ir al museo?

B Sí. Es más fácil llegar allí en metro que en autobús.

A ¿Podemos visitarlo todos los días?

B Todos los días excepto los martes. Por la mañana de diez a tres, y por la tarde de cinco a siete.

A 너는 박물관에 가기 위해 전철을 탔니?
B 응, 버스보다는 전철로 거기에 도착하는 게 더 쉬워.
A 날마다 그곳을 방문할 수 있니?
B 매주 화요일을 제외하고 날마다. 오전에는 10시~3시, 오후에는 5시~7시까지야.

has tomado... : tomar 동사의 현재완료 시제이다.
tomar el metro / coger el metro(Esp) = (take the subway)

단어

4 **perdón**(m) 용서 | **cambiar** 바꾸다 | **moneda** 화폐, 동전 | **mire** 보세요 (추후 학습) | **mostrador** 카운터 | **enfrente** 정면에 | **nada** 아무것도(nothing) | **tener que inf.** ~해야 한다 (have to inf.) | **cuidado** 돌봄, 조심 | **carterista** 소매치기 | **ojo** 눈(eye)

5 **pensar** 생각하다 (pienso piensas piensa pensamos pensáis piensan) | **pensar inf.** ~할 생각이다 * pensar en ~에 대하여 생각하다(think about) | **largo** 긴 | **adónde** 어디로 | **cómodo** 편안한 | **volar** 날다 | **como** ~처럼, ~로서 | **pájaro** 새 | **rápido** 빠른, 빨리 | **costar** 비용이 들다 | **billete / boleto** (AmL) 표, 티켓

6 **tomar** ~타다(take) ~먹다, ~마시다 | **metro** 전철, 미터 | **museo** 박물관 | **en metro** 전철로 | **excepto** ~제외하고 | **por la mañana** 오전에 | **por la tarde** 오후에 | **de/a** 영어의 from/to

Diálogo

A ¡Hola, Carlos! ¡Cuánto tiempo sin verte!

B ¡Hola! ¿Tú me has echado de menos?

A Sí, por supuesto. ¿Qué has hecho este verano?

B He viajado por México.

A ¿Has ido a Acapulco?

B Claro que sí. En verano normalmente llueve 15 días al mes.

Hace mucho calor durante el día, pero las noches son más templadas.

A Si vuelves a visitar ese lugar, voy a acompañarte.

단어

cuánto 얼마나 많은
echar 던지다
echar de menos 그리워하다
hecho hacer 과거분사
ido ir 과거분사
normalmente 보통(normally, usually)
quince 15
al mes 한 달에
durante el día 낮 동안에(during the day)
templado 온화한, 따스한
volver a inf. 다시 ~하다

A 안녕, 까를로스. 오랜만이다!

B 안녕. 너 나를 그리워한 거니?

A 그래, 물론이야. 이번 여름에 무엇을 한 거니?

B 멕시코로 여행을 했지.

A 아카풀코는 갔다 왔니?

B 물론 그렇지. 여름에 보통 한 달에 보름은 비가 와. 낮 동안에는 몹시 덥지만 밤은 더 온화하다.

A 만약 다시 그곳을 방문한다면 너를 따라갈래.

¡Cuánto tiempo sin verte!
직역하면 너를 보는 것 없이 얼마나 많은 시간! 영어의 long time, no see에 해당한다.

por supuesto 물론!

las noches son más templadas
밤이 되면 낮처럼 덥지 않고 온화하다는 뜻이다.

Nota cultural

탱고

사람의 신체 부위를 이용한 표현은 언어마다 상당히 다양하다. 인간은 다 똑같은데 언어와 문화권에 따라서 그 표현이 다른 것이 퍽 흥미롭다.

poner cara larga → 시무룩하다
* cara 얼굴 * largo 긴

con el pie izquierdo → 나쁘게 / 불운과 함께
* pie 발 * izquierdo 왼쪽의

tomar el pelo → 놀리다
* pelo 머리카락, 털

CAPÍTULO

12

취미

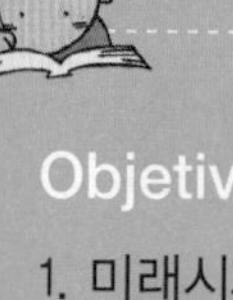

Objetivos

1. 미래시제
2. 중복형

1

A Quiero ver esa película de suspense en tu casa.

B ¿No estudiarás para el examen de bellas artes?

A Puedo estudiar después de la película. ¿A qué hora quedamos?

B Pues, no sé... ¿A las dos? ¿Quién es la actriz principal de la película?

A 너의 집에서 그 스릴러를 보고 싶다.
B 미술시험을 위해 공부 안 할 거니?
A 영화 후에 공부할 수 있어. 우리 몇 시로 할까.
B 글쎄, 모르겠네……. 2시에? 그 영화 주연 여배우는 누구래?

미래시제 만드는 방법

ar, er, ir 동사원형에 아래 어미를 붙이면 된다.

어미		hablar 말하다 (talk, speak)	
é	emos	hablaré	hablaremos
ás	éis	hablarás	hablaréis
á	án	hablará	hablarán

A Esta noche no hay nada en la tele. Solo una telenovela aburrida.

B ¿Qué quieres hacer? ¿Te gusta bailar? Vamos a la discoteca.

A No, no me gusta. Prefiero ir al cine.

B Será imposible sacar las entradas a estas horas.

A 오늘 밤 TV에는 아무것도 없다. 단지 지루한 드라마 한 편뿐.
B 뭐 하고 싶니? 춤추는 거 좋아해? 디스코텍에 가자.
A 아니, 안 좋아해. 영화관에 가기를 선호해.
B 이런 시간에 입장권 끊는 게 불가능할 거야.

참고해_^^

no hay nada 스페인어는 부정문에 부정어만을 사용한다.

3

A Prefiero leer novelas policíacas.

B Yo también. Comienzo y termino una novela la misma noche.

A ¿Qué libros leerás durante las vacaciones de invierno?

B Mañana pediré el Señor de los anillos en una librería en Internet.

A 나는 탐정소설 읽는 것을 선호해.
B 나도. 소설 한 권을 밤에 시작해서 그날 밤에 끝장을 본다.
A 겨울방학 동안에 무슨 책들을 읽을 거니?
B 내일 한 인터넷 서점에서 반지의 제왕을 주문하려고.

comenzar 시작하다
(comienzo comienzas comienza comenzamos comenzáis comienzan)

단어

1 **suspense/suspenso**(AmL) 서스펜스 | **película de suspense** 스릴러(영화) | **bello** 아름다운 | **bellas artes** 미술 | **después de** ~의 후에 | **quién** 누구 | **quedar** ~인 상태로 남다, 만날 약속을 정하다 | **actriz** 여배우 | **principal** 주요한

2 **nada** 아무것도 | **bailar** 춤추다 | **imposible** 불가능한 | **sacar** 꺼내다, (돈) 인출하다, (사진) 찍다, (표) 끊다 | **entrada** 입장권, 입구, 들어감

3 **novela policíaca** 탐정(추리)소설 | **comenzar** 시작하다 | **terminar** 끝내다, 끝나다(finish) | **la misma noche** (직역) 같은 밤에 | **anillo** 반지 | **pedir** 요구하다, 주문하다

4

A ¿A quién le gusta ver los partidos de fútbol en el estadio?

B A Juan le gusta mucho, pero a mí me gusta verlos en casa.

A ¿Cuándo haces deporte?

B Depende. ¿Te gusta ver la televisión o sacar fotos?

A 누가 경기장에서 축구경기들을 보는 것을 좋아하니?
B 환이 무척 좋아해, 그러나 난 집에서 보는 걸 좋아해.
A 너는 언제 운동을 하니?
B 그때그때 달라. 넌 TV보는 걸 좋아하니 아니면 사진찍는 것을 좋아하니?

(a mí) me gusta a mí도'나에게'라는 뜻이지만 me를 사용하고 난 후 필요에 따라서 혹은 강조하기 위해 중복형으로 쓰여진 것이다.

(a Juan) le gusta le(그에게)를 쓰고 a Juan을 한 번 더 사용해서 추가 설명한다.

¿A quién le gusta 누구에게 (a quién)를 사용한 경우 le를 사용한다.

A ¿Qué hará Juan este fin de semana?

B Seguro que él dormirá todo el día.

A ¿Por qué no andamos en bicicleta?

B Yo quiero dar un paseo en coche a lo largo del río.

A 이번 주말에 환은 무엇을 할 거니?
B 확실히 그는 하루 종일 잘 거야.
A 우리 자전거 타는 게 어때?
B 강을 따라 자동차로 드라이브를 하고 싶다.

다음 동사들은 미래시제에서 불규칙 변화를 한다.

hacer	haré harás hará haremos haréis harán
venir	vendré vendrás vendrá vendremos vendréis vendrán
salir	saldré saldrás saldrá saldremos saldréis saldrán
haber	habré habrás habrá habremos habréis habrán
tener	tendré tendrás tendrá tendremos tendréis tendrán
poder	podré podrás podrá podremos podréis podrán

6

A ¿Cuáles son sus aficiones?

B Soy aficionado a la música. Escucho todo tipo de música.

A ¿Qué le gusta hacer en su tiempo libre?

B Mi pasatiempo favorito es cocinar y patinar sobre hielo.

A 당신이 좋아하는 것들은 무엇이죠?
B 저는 음악을 좋아해요. 모든 음악을 들어요.
A 자유로운 시간에 당신은 뭐 하는 것을 좋아하나요?
B 제가 좋아하는 취미는 요리하는 것 그리고 (아이스)스케이트 타는 거예요.

참고해_^^

* sus aficiones : 소유형용사 su가 복수형인 aficiones를 수식하면서 sus로 바뀐다.
* hobby도 스페인어에서 사용하고 [호비]라고 발음한다.
* ¿Qué le gusta hacer? : hacer가 주어이고 qué는 목적어임.
(무엇을 하는 것이 당신에게 즐거움을 주나요?)

단어

4 **partido de fútbol** 축구경기 | **estadio** 경기장 | **deporte** 스포츠 | **depender** 의존하다 | **depende** 그건 때와 사정에 달렸다

5 **fin** 끝 | **semana** 주 | **seguro que** 확실히 ~이다 | **dormir** 자다 | **todo el día** 하루 종일 | **andar** 걷다 | **andar en bicicleta** 자전거 타다 | **dar** 주다 | **paseo** 산책 | **dar un paseo** 산책하다 | **largo** 긴 | **corto** 짧은 | **a lo largo de** ~ 따라

6 **afición** 애호, 취미 | **ser aficionado a** ~을 좋아하다 | **libre** 자유로운 | **pasatiempo** 취미 | **patinar** 스케이트 타다 | **hielo** 얼음

Diálogo

A Oye, ¿te gusta ir a fiestas?

B Claro. ¿Por qué me lo preguntas?

A Dentro de dos semanas habrá una fiesta en casa de Lola.

B ¿Estoy yo invitado?

A Claro que sí. ¿A qué hora vendrás a mi casa? Te llevaré en mi coche.

B Podré llegar a tu casa más o menos a las cinco de la tarde.

A Vale. Lola cumplirá 15 años, así que tendremos que preparar un regalo para ella.

B ¿Qué le gusta?

A Le gustan las flores, las joyas y los libros.

B Lo pensaremos un poco. Ahora mi tarjeta de crédito está bloqueada.

A ¿Cuándo aprenderás a administrar tu dinero? ¿No piensas nunca ahorrar dinero?

단어

preguntar 질문하다
dentro de + (시간) ~ 지나서 (영어 in)
habrá haber 미래형 3인칭 단수(there will be)
invitado 초대된(손님)

llevar 가지고가다, 데려가다
más o menos 대략
cumplir ~ 살이 되다, 이행하다
así que 그래서
regalo 선물

joya 보석
tarjeta de crédito 신용카드
bloqueado 봉쇄된
administrar 관리하다
ahorrar 저축하다, 절약하다

A 이봐, 너는 파티들에 가는 것을 좋아하니?

B 물론. 왜 내게 그것을 묻니?

A 2주 후에 롤라의 집에서 파티가 하나 있을 거야.

B 내가 초대된 거야?

A 물론 그렇지. 몇 시에 우리 집에 올래? 내 차로 널 데려갈게.

B 대략 오후 5시에 너의 집에 도착할 수 있을 거야.

A OK. 롤라가 15살이 될 거야. 그래서 우리가 그녀를 위해 선물을 하나 준비해야 해.

B 그녀는 무엇을 좋아하니? (무엇이 그녀에게 즐거움을 주니?)

A 꽃들, 보석들 그리고 책들을 좋아해.

B 우리는 그것을 좀 생각을……. 지금 내 신용카드가 사용 정지야.

A 너는 언제 네 돈을 관리하는 법을 배울 거니? 결코 돈을 저축할 생각은 안 하니?

Nota cultural

월드컵이 열리는 기간이면 많은 사람들이 하던 일을 잠깐 멈추고 TV 앞에 모여든다. 자국 대표팀이 16강에 오르기를 바라거나 8강 혹은 4강에도 진출할 수 있으리라는 기대감에 푹 빠진다. 축구에 대한 관심은 아주 뜨겁다. 스페인어권 중계방송을 시청해 보면 아나운서의 속사포 같은 경기해설, 특히 골이 들어갔을 때의 그 뜨거운 감성은 놀랍기만 하다.

!!!!!!GOOOOOOOOOOOOOOOOOOOOOOOL!!!!!! SERGIO

월드컵 = la Copa del Mundo = el Mundial = la Copa Mundial

fuera de juego 오프사이드	**cabezazo** 헤딩
tijera de espaldas 오버헤드 킥	**líbero** 리베로
delantero 포워드	**centrocampista** 미드필더
cuartos de final 8강	**semifinal** 준결승
final 결승	**portero / arquero**(AmL) 골키퍼

CAPÍTULO

13 가정

Objetivos

1. 현재 진행형
2. 재귀대명사

1

A ¿De qué estáis hablando?

B Estamos hablando de África.

A ¿De veras? Pienso viajar por allí el año que viene.

B Te envidiamos. A propósito, siempre piensas en viajar solo. Entonces, no podrás ser un papá responsable. Tú no eres hogareño.

A 너희는 무엇에 대해 말하고 있는 중이니?
B 우리는 아프리카에 대해 말하는 중이야.
A 정말? 나는 다가오는 해에 거기로 여행할 생각인데.
B 우리는 네가 부럽다. 그런데, 너는 항상 홀로 하는 여행을 생각하더라. 그러면 너는 책임 있는 아빠가 될 수 없을 거야. 넌 가정적이지 않구나.

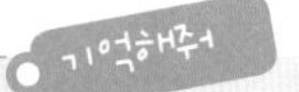

estar + 현재분사 = 현재 진행형

현재분사 만드는 방법은 다음과 같다.

estudi<u>ar</u>	estudi**ando**	(studying)
com<u>er</u>	com**iendo**	(eating)
viv<u>ir</u>	viv**iendo**	(living)

용법

Estoy cantando. 나는 노래하는 중이다.
¿Qué estás haciendo? 너는 무엇을 하는 중이니?
Estamos leyendo una revista 우리는 잡지를 읽고 있어요. *leer는 불규칙임

2

A ¿Puedes estudiar escuchando música?

B Claro. Me gusta escucharla. Cuando me levanto, siempre pongo música.

A ¿A qué hora te acuestas?

B Generalmente, me acuesto a las diez y media, pero a veces voy a la cama a medianoche cuando tengo que hacer muchas tareas.

A 너는 음악 들으면서 공부할 수 있니?
B 물론. 음악 듣는 걸 좋아해. 나는 일어날 때, 항상 음악을 켜.
A 몇 시에 잠자리에 드니?
B 보통, 열시 반에 눕는다, 그러나 가끔 자정에 잠자리에 들어, 많은 숙제를 해야 할 때는.

기억해줘

1. 재귀대명사 se는 영어의 oneself에 해당하며 타동사와 결합하여 자동사를 만든다.

me	나 자신을(에게)	nos	우리 자신을
te	너 자신을	os	너희들 자신을
se	그/그녀/당신 자신을	se	그들/그녀들/당신들 자신을

levantar 일으키다　　levantarse 자신을 일으키다 → 일어나다

재귀대명사도 간접 · 직접 목적대명사와 마찬가지로 동사 앞에 위치하거나 원형이나 현재분사 뒤에 붙여 사용한다.
levantarse 동사 현재형 변화는 다음과 같다.

me levanto　te levantas　se levanta　nos levantamos　os levantáis　se levantan

3

A Hace mucho calor. Tengo sed.
B Un momento, hay algo de beber en la nevera.
A Estamos en pleno verano. Estos días me baño tres veces al día porque sudo mucho.
B También me ducho varias veces. Mañana mi familia va a ir al parque de atracciones, pero mi hermano detesta el calor, por eso se quedará en casa todo el día.

A 날씨가 몹시 덥다. 목말라.
B 잠깐, 냉장고에 뭔가 마실 게 있어.
A 우리는 한여름에 있구나. 요즈음 난 하루에 세 번 목욕을 해. 왜냐하면 땀이 많이 나.
B 나도 여러 번 샤워해. 내일 우리 가족은 놀이공원에 갈 건데 내 동생은 더위를 싫어해서 하루종일 집에 있을 거야.

기억해줘

기타 se를 필요로 하는 동사들은 숙어처럼 외워 사용한다.
quedarse 머무르다, 남다(stay)
Me quedo en casa. 난 집에 남는다.
llevarse bien con ~와 사이가 좋다

단어

1 **hablando** hablar 현재분사(talking) | **el año que viene** 내년에 | **envidiar** 부러워하다 | **podrás** poder 미래형 | **responsable** 책임 있는 | **hogareño** 가정적인 2 **escuchando** 들으면서(escuchar 현재분사) | **cuando** ~할 때 | **poner** 놓다,(TV, 라디오) 켜다 | **acostar** 눕히다 | **acostarse** 눕다(me acuesto / te acuestas / se acuesta / nos acostamos / os acostáis / se acuestan) | **cama** 침대 | **ir a la cama** 잠자리에 들다 | **a medianoche** 자정에 | **tarea** 숙제 3 **sed**(f) 갈증 | **algo de beber** 뭔가 마실 것 | **nevera** 냉장고 | **pleno** 완전한 | **bañar** 목욕시키다 | **bañarse** 목욕하다 | **vez**(f) 번, 째, 배 | **veces** vez 복수형 | **al día** 하루에 | **sudar** 땀 흘리다 | **ducharse** 샤워하다 | **vario** 여러 | **familia** 가족 | **parque de atracciones/parque de diversiones** (AmL) 놀이공원 | **detestar** 싫어하다 | **por eso** 그래서 | **quedarse** 남다, 머무르다

4

A ¿Qué os pasa, niños? Siempre os peleáis.

B ¿Sabes por qué no me llevo bien con Paco?

A No lo sé. Dímelo. Pero no debes decir tonterías.

B Pues... porque él no quiere llevarse bien conmigo.

A 무슨 일이야 얘들아? 너희는 항상 서로 싸우네.
B 왜 내가 빠꼬와 잘 지내지 않는지 알아?
A 난 그걸 모르겠다. 내게 그걸 말해 봐. 그러나 바보 같은 소리 하면 안 돼요.
B 저기…… 왜냐하면 빠꼬가 나랑 사이좋게 지내려고 하지 않아.

dímelo : (내게 그것을 말해라) 추후 17과와 문법편 15과에서 학습하고 본 과에서는 일단 문법적 분석없이 암기해 사용하자.

5

A ¿Es usted ama de casa?

B Sí. Tengo dos hijos y mi esposo trabaja en un hotel.

A ¿Le gusta hacer la comida?

B No, no me gusta. Lo hago por necesidad. Pero mi marido cocina muy bien.

A 당신은 가정주부이신가요?
B 네, 자식이 둘이고 제 남편은 호텔에서 일해요.
A 당신에게는 음식 만드는 일이 좋으세요?
B 아니요, 좋아하지 않아요. 필요 때문에 그 일을 하는 거죠. 그러나 제 남편은 요리를 아주 잘해요.

참고해_^^

아내는 esposa 혹은 여자를 뜻하는 mujer를 사용한다.

6

A ¿Es su marido hogareño?

B Más o menos. Le gusta mucho beber con sus amigos hasta muy tarde, pero de vez en cuando me ayuda a limpiar la habitación o a cuidar a los niños.

A Me imagino que ustedes se aman mucho y se entienden bien.

A 당신의 남편은 가정적인가요?
B 그저 그렇죠 뭐. 그는 그의 친구들과 매우 늦게까지 마시는 걸 좋아해요. 그러나 이따금 나를 도와 방 청소를 하거나 아이들을 보살펴 줘요.
A 내가 생각하건대 당신들은 서로를 많이 사랑하고 서로를 잘 이해하는군요.

재귀대명사 se를 사용해서 '서로서로'라는 뜻을 만들 수 있다.

Nosotros nos amamos. 우리는 서로를 사랑합니다.
Juan y yo nos escribimos. 환과 나 우리는 서로에게 편지를 쓴다.
Ellos se besan. 그들은 서로 키스한다.
Ustedes se aman. 당신들은 서로를 사랑합니다.
Carlos y María se entienden bien. 까를로스와 마리아는 서로를 잘 이해한다.

단어

4 **pasar** 발생하다, 지나가다 (happen, pass) | **pelearse** 서로 싸우다 (...nos peleamos / os peleáis / se pelean) | **llevarse bien con** ~와 잘 지내다 | **di** 말해라 (decir의 명령형임) | **tontería** 바보짓 | **tonto/a** 바보

5 **ama de casa** 주부 | **por** 때문에 | **necesidad**(f) 필요성

6 **más o menos** 대략(more or less) | **amigo** 친구 | **tarde** 늦게, 오후 | **de vez en cuando** 이따금 | **ayudar a inf.** ~을 도와주다 | **limpio** 깨끗한 | **limpiar** 깨끗이 하다 | **sucio** 더러운 | **cuidar** 보살피다 | **entender** 이해하다 (entiendo entiendes entiende entendemos entendéis entienden) | **imaginarse** 상상하다, 생각되다 | **(yo) me imagino que** 나는 ~라는 생각이 든다

Diálogo

A ¿A qué hora te levantas generalmente?

B Me levanto a las siete de la mañana.

A ¿Cuántas horas duermes al día?

B Me acuesto a las once de la noche, así que duermo unas ocho horas.

A Después de levantarte, ¿qué haces?

B Voy al baño, donde me ducho, me afeito y me peino.

A ¿Te lavas siempre antes de acostarte?

B Claro. Yo me lavo siempre, pero mi hermano nunca se lava antes de acostarse.

A ¿Te pareces a tu papá o a tu mamá?

B Dicen que me parezco en todo a mi papá.

A Es hora de almorzar. Me voy. Hasta luego.

B Nos vemos mañana. Que te vaya bien.

단어

dormir 자다(duermo duermes duerme dormimos dormís duermen)
unos/unas (숫자 앞에 사용 시) 대략
baño 욕실, 화장실
donde 거기서(where)
afeitarse 면도하다
peinarse 머리 빗다

lavar 빨다, 씻어 주다
pero 그러나
parecerse a ~와 닮다 (me parezco / te pareces / se parece / nos parecemos / os parecéis / se parecen)
en todo 모든 것에 있어서
es hora de inf. ~할 시간이다

almorzar 점심 먹다
irse (떠나) 가다 (me voy / te vas / se va / nos vamos / os váis / se van)
hasta luego 나중에 보자
que te vaya bien 헤어질 때 인사법(문법 지식 없이 일단은 암기해 사용하자.)

A 보통 너는 몇 시에 일어나니?

B 나는 아침 7시에 일어나.

A 하루에 얼마나 많은 시간을 자니?

B 밤 11시에 잠자리에 들어, 그래서 대략 8시간 잔다.

A 일어난 후에 뭐 하니?

B 욕실에 가. 거기에서 샤워하고 면도하고 그리고 머리 빗어.

A 잠자리에 들기 전에 항상 씻니?

B 물론. 나는 항상 씻어. 그러나 내 동생은 잠자리에 들기 전에 결코 씻지 않아.

A 너는 아빠를 닮았니 아니면 엄마를?

B 사람들이 말하는데 내가 모든 면에서 아빠를 닮았다고 해.

A 점심 먹을 시간이구나. 나는 간다. 나중에 봐.

B 내일 보자꾸나. 잘 가거라.

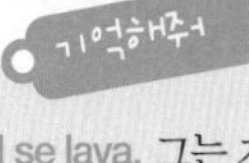
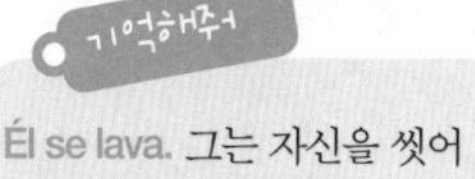
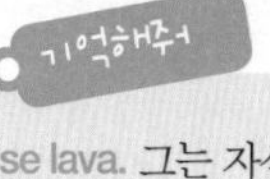

Él se lava. 그는 자신을 씻어 준다. (그는 씻는다.)

Él se lava las manos.
그는 자신에게서 손들을 씻어 준다. (그는 손 씻는다.)

parecerse a ~
~와 닮다

Ella se parece a su madre.
그녀는 어머니와 닮았다.

(Yo) me parezco a mi abuelo.
나는 할아버지와 닮았어.

Nos vemos.
(서로) (나중에) 보자! (See you!)

Me voy.
나는 간다. irse는 같은 공간에서 떠나갈 때 사용한다.
ir = go, irse = leave

¿A dónde vas?
어디 가니?

Nota **cultural**

속담을 보면 문화적 측면을 엿볼 수 있다. 추후 더 공부한 뒤 다시 음미해 보도록 한다.

llamar al pan, pan y al vino, vino :
빵을 빵이라 하고 포도주를 포도주라 한다. (분명하게 돌리지 않고 말하다.)

En martes, ni te cases ni te embarques :
화요일에는 결혼도 하지 말고 (비행기 · 배 · 기차 따위를 타고) 어디로 떠나지도 마라. (미국의 13일의 금요일처럼 생각한다.)

Más vale pájaro en mano que cien volando :
날고 있는 백 마리 새보다 손에 있는 한 마리가 더 가치가 있다.

멕시코 국립자치대학교 도서관

CAPÍTULO 14

직업

Objetivos

1. 부정과거
2. 가능법

1

A ¿Cuánto tiempo trabajó Juan de periodista?

B Más o menos veinte años. Vivió mucho tiempo en el extranjero.

A Quiero ser periodista. Los periodistas tienen que conocer a muchas personas diferentes.

B Para ser periodista, uno tiene que escribir bien.

A 얼마나 환은 기자로서 일했나요?
B 대략 20년쯤요. 그는 외국에서 많은 시간을 살았어요.
A 저는 기자가 되고 싶어요. 기자들은 많은 다른 사람들을 알아야 해요.
B 기자가 되기 위해서는 글을 잘 써야 합니다.

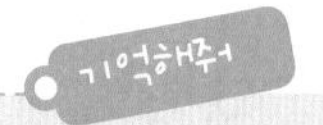

부정과거 만드는 방법

ar, er, ir 동사원형에 아래 어미를 붙이면 된다.

trabaj**ar** 일하다		viv**ir** 살다 (-er 동사도 동일하게 변화한다)	
trabajé	trabaj**amos**	viví	viv**imos**
trabaj**aste**	trabaj**asteis**	viv**iste**	viv**isteis**
trabajó	trabaj**aron**	vivió	viv**ieron**

불규칙 변화 동사들은 따로 외워야 한다.

ser	fui fuiste fue fuimos fuisteis fueron
ir	fui fuiste fue fuimos fuisteis fueron (상동)
venir	vine viniste vino vinimos vinisteis vinieron
estar	estuve estuviste estuvo estuvimos estuvisteis estuvieron
hacer	hice hiciste hizo hicimos hicisteis hicieron
decir	dije dijiste dijo dijimos dijisteis dijeron
dar	di diste dio dimos disteis dieron
ver	vi viste vio vimos visteis vieron

부정과거 용법 : 과거 당시 발생한 사건의 끝이 인지되는 문장에 사용한다.

1. 과거의 한 시점에 발생한 사건을 말할 때.
   Ayer ella volvió a casa a medianoche. 어제 그녀는 자정에 집에 돌아왔다.

2. 과거의 특정기간에 발생한 사실을 언급할 때.
   Pasé seis años en la India. 나는 6년을 인도에서 보냈다.

3. 끝남을 알 수 있는 경우
   El mecánico trabajó en esa fábrica hasta el año 2006.
   그 기계공은 2006년까지 그 공장에서 일했다.

2

A ¿A qué se dedica tu hermana?

B Trabajó en una agencia de viajes hasta el año pasado.

A ¿Ya no trabaja allí?

B Ella dejó de trabajar para dedicarse a sus hijos.

A 너의 여동생은 무슨 일을 하니?
B 작년까지 여행사에서 일했어.
A 이제 더 이상 거기서 일 안 해?
B 아이들에게 전념하려고 일하는 것을 그만두었어.

3

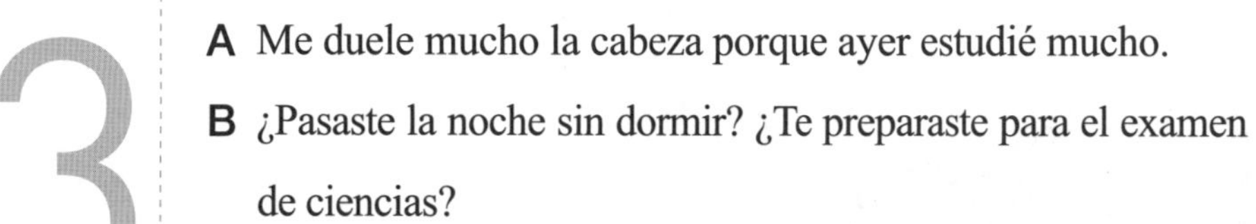

A Me duele mucho la cabeza porque ayer estudié mucho.

B ¿Pasaste la noche sin dormir? ¿Te preparaste para el examen de ciencias?

A Sí. Quiero sacar buenas notas en ciencias. Quiero ser científico o ingeniero.

B Una persona con tu talento puede tener éxito en muchas profesiones.

A 머리가 무척 아프다. 왜냐하면 어제 열심히 공부했거든.
B 잠자지 않고 밤을 보낸 거야? 과학시험을 위해 준비했구나.
A 그래. 난 과학에서 좋은 점수를 받고 싶어. 과학자나 엔지니어가 되고 싶어.
B 너 같은 재능을 가진 사람은 많은 전문직업에서 성공할 수 있어.

Me duele la cabeza. 머리가 나에게 아프다. (머리가 아프다.)
Nos duele el estómago. 위가 우리에게 아프다. (배가 아프다.)

단어

1 **cuánto tiempo** 얼마나 많은 시간 | **trabajar de** ~로 일하다 | **periodista**(m)(f) 기자 | **veinte** 20 | **año** 연(年), 해 | **diferente** 다른, 여러 (명사 앞에서) | **uno** 1, 하나, (일반적인) 사람(one)

2 **dedicarse** ~에 종사하다, 헌신하다 | **viaje**(m) 여행 | **agencia de viajes** 여행사 | **pasado** 지나간, 상한, 과거 | **ya no** 이제 더 이상 ~않다 | **dejar de inf.** ~하기를 중단하다 | **hijo** 아들 | **hija** 딸

3 **doler** ~가 아프다 (duelo dueles duele dolemos doléis duelen) | **cabeza** 머리 | **ciencia** 과학 | **examen de ciencias** 과학 시험 | **sacar buenas notas** 좋은 점수를 받다 | **científico** 과학자, 과학적 | **talento** 재능 | **éxito** 성공 * salida 출구 * fracaso 실패 | **profesión** (전문) 직업

4

A ¿Dónde comiste ayer a mediodía?

B Juan y yo comimos en casa de Pedro. Él nos invitó a comer a la española.

A Él es un buen cocinero.

B Sí. Él piensa tomar un curso de cocina en Francia y va a estudiar francés desde la próxima semana.

A 너는 어제 정오에 어디에서 점심 먹었니?
B 환과 나, 우리는 뻬드로의 집에서 먹었어. 그가 우리를 스페인식으로 하는 점심 식사에 초대했어.
A 뻬드로는 요리를 아주 잘하지.
B 그래. 그는 프랑스에서 요리과정을 밟을 생각이야. 다음 주부터 불어를 공부할 거야.

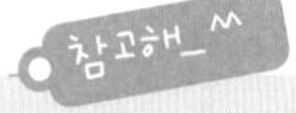

① a la española 스페인식(으로), a la coreana 한국식
② desde ~부터(since, from)

5

A ¿Sabes que el primo de Fernando es profesor?

B Sí, enseña matemáticas. Él se casó con una profesora de química.

A ¿Cómo se conocieron ellos?

B Yo le presenté a esa profesora en mi fiesta de cumpleaños. Los dos se enamoraron pronto. Fue un flechazo.

A 너는 페르난도의 사촌이 선생님이라는 걸 아니?
B 응, 그는 수학을 가르쳐. 그는 화학 여선생님이랑 결혼했어.
A 그들은 어떻게 서로를 알게되었니?
B 내가 내 생일파티에서 그에게 그 여선생님을 소개해줬지. 그 둘은 금방 사랑에 빠졌어. 첫 눈에 반한 사랑이었지.

기억해주셔

1. casar 결혼시키다
   casarse (자신을) 결혼시키다 → 결혼하다
2. fue : ser 동사 부정과거 3인칭 단수

6

A ¿Qué quieres hacer en el futuro?

B Sé hablar español e inglés, así que quiero ser intérprete o traductor.

A Tienes habilidades para los idiomas, pero tienes muchas cosas que aprender.

B Tienes razón. Ayer hablé de eso con mi profesor de español. Me dio buenos consejos.

A 미래에 넌 무엇을 하고 싶니?
B 나는 스페인어와 영어를 말할 줄 알아, 그래서 통역사나 번역사가 되고 싶어.
A 너는 언어에 대한 재능이 있어. 그러나 배울 것이 많아.
B 네 말이 맞다. 어제 그것에 대해 스페인어 선생님과 말했어. 나에게 좋은 충고들을 주셨어.

기억해주세

1.
tener + 목적어 que inf. ~ 할 ~ 을 가지고 있다.

Tengo algo que hacer. 나는 뭔가 할 일이 좀 있다.
Tengo mucho que hacer. 나는 할 일이 많다.
No tenemos nada que decirte. 우리는 너에게 할 말이 없다.

2.
접속사 y는 뒤에 i나 hi로 시작하는 단어가 오면 e로 바뀐다. (y가 의문문/감탄문 맨 앞에 위치하거나 y 뒤에 hie로 시작한 단어가 온 경우는 예외)
접속사 o는 뒤에 o나 ho로 시작하는 단어가 오면 u로 바뀐다.

español e inglés 스페인어와 영어
ayer u hoy 어제 혹은 오늘

3.
중성 지시대명사 esto, eso, aquello는 각각 '이것/이 일', '그것/그 일', '저것/저 일'의 뜻으로 지칭 사물의 성 구별이 안 된 경우나 상황에 대해 언급할 때 사용한다.

¿Qué es esto? 이것은 뭡니까? 이게 무슨 일이니?

단어

4 **comiste** comer 부정과거 (comí comiste comió comimos comisteis comieron) | **invitar a** ~에 초대하다 | **cocinero** 요리사 | **cocina** 부엌, 레인지, 요리(법) | **próximo** 다음의(next)

5 **primo** 사촌 | **casarse con** ~와 결혼하다 | **química** 화학 | **presentar** 소개하다 | **fiesta** 파티, 휴일, 축일 | **enamorarse** 사랑에 빠지다 | **flechazo** 큐피드의 화살로 인한 첫 눈에 반한 사랑

6 **futuro** 미래 | **intérprete** 통역사 | **traductor** 번역사 | **habilidad** 솜씨 | **capacidad** 능력 | **cosa** 일, 것(thing) | **razón**(f) 이성, 이유 | **tienes razón** 네 말이 맞아(you're right) | **eso** 그것, 그 일 | **dar** 주다 (부정과거 di diste dio dimos disteis dieron) | **consejo** 충고, 이사회

Diálogo

A Hola. ¿Cómo te va?

B Muy bien, gracias. ¿Y a ti?

A Regular. ¿A dónde fuiste ayer?

B Fui a la estación de televisión. Mi tío trabaja allí.

A ¿Es él actor o cantante?

B Je je je. Él trabaja de productor. Allí puedo ver a muchos actores. Ayer vi a un cantante. A lo mejor tú no lo conoces bien porque no es conocido. Es que él y mi tío son muy amigos. Me dio su autógrafo.

A Y luego, ¿qué le dijiste?

B Le dije que iría a su concierto. Él me dijo que me regalaría su CD pronto.

A Yo también quiero ser cantante.

B ¿Cantante? Hombre, cada trabajo requiere aptitudes especiales. ¿Tienes tú las cualidades necesarias para ser cantante? Tienes que buscar otro trabajo.

A Ya basta. Mis padres siempre me dicen que canto muy bien...

단어

¿cómo te va (todo)? 어떻게 너에게 가니 모든 것이? (인사말이다) | **a ti** 너에게는? (te가 '너에게'라는 뜻이지만 동사 없이 쓸 경우 a ti를 사용해야 한다) | **actor** (남)배우 | **cantante**(m)(f) 가수 | **a lo mejor** 어쩌면, 아마 | **conocido** 알려진 | **amigo** 친구, 우정을 가진, 친한 | **autógrafo** 사인 | **luego** 나중에 | **concierto** 콘서트 | **regalar** 선물하다 | **pronto** 곧 (soon) | **cada** 각, 매(every, each) | **requerir** 요하다 (requiero requieres requiere requerimos requerís requieren) | **aptitudes**(pl) 재능 | **especial** 특별한 | **necesario** 필요한 | **cualidad** 자질, 특질 *calidad (품)질 *cantidad 양 | **buscar** 찾아보다 *encontrar 찾다, 구하다, 발견하다 | **bastar** 충분하다 | **basta** 그만, 됐어!

※ basta ya로 많이 사용한다.

* bastante 충분한, 충분히

A 안녕. 어떻게 지내니?

B 아주 좋아, 고마워. 너는?

A 그저 그래. 어제 어디에 갔니?

B TV 방송국에 갔어. 나의 삼촌이 거기에서 근무하셔.

A 그는 배우니 아니면 가수?

B 헤헤헤. 프로듀서로 일하셔. 거기에서 나는 배우들을 많이 볼 수 있어. 어제는 한 가수를 봤다. 아마 너는 그를 잘 모를걸. 왜냐하면 알려지지 않았거든. 실은, 그와 우리 삼촌은 매우 친해. 그가 나에게 사인을 해 주었어.

A 그러고나서 너는 그에게 뭐라 말했니?

B 나는 그에게 그의 콘서트에 갈 거라고 말했어. 그는 내게 자기 CD를 곧 선물하겠다고 말했어.

A 나도 가수가 되고 싶다.

B 가수? 이 사람아! 각각의 일은 다 특별한 재능이 요구돼. 너는 가수가 되기 위한 필요한 자질을 갖고 있니? 너는 다른 일을 찾아봐야 해.

A 됐어, 그만. 나의 부모님은 항상 내게 노래 잘한다고 말하시는데…….

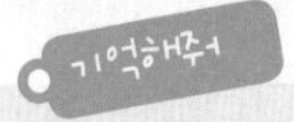
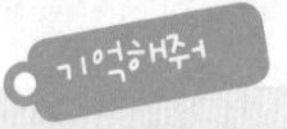

Le dije que iría a su concierto. 와 Él me dijo que me regalaría su CD pronto.
두 문장에서 iría / regalaría는 가능법 시제로 영어의 would에 해당한다. 만드는 방법은 ar, er, ir 동사 원형에 아래 어미를 붙이면 된다.

어미		vivir	
ía	íamos	viviría	viviríamos
ías	íais	vivirías	viviríais
ía	ían	viviría	vivirían

과거에서 본 미래를 표현한다.

Ella dice que vendrá.
She says that she will come.

Ella dijo que vendría.
She said that she would come.

Nota cultural

La unidad y la diversidad del español.

멕시코시티

한국처럼 작은 나라에서도 지방 사투리가 다양한데 스페인어는 많은 나라들에서 사용하기 때문에 표현이나 어휘에 있어서 지역별로 차이가 나기도 한다. 인터넷(Internet)을 통한 지구촌(la aldea mundial) 내의 커뮤니케이션 활성화는 생활 속의 언어적 다양성이 존재하면서도 전체적인 단일성이 유지되게 하는 것은 아닐까.

딸기	fresa / frutilla (남미 일부)
화내다	enfadarse / enojarse (특히 중남미)
홈런	home run / jonrón / cuadrangular
그리워하다	echar de menos / extrañar
자동차	coche / carro

CAPÍTULO

15

건강

Objetivos

1. 불완료과거
2. 과거완료

1

A ¿Haces ejercicio por la mañana?
B Antes yo corría por la noche pero ahora no.
A Por eso has engordado un poco. Tienes que hacer al menos un ejercicio ligero.
B Tienes razón. Es necesario hacer deporte para gozar de buena salud.

A 너는 아침에 운동을 하니?
B 전에는 밤에 뛰곤 했지. 그러나 지금은 아니야.
A 그래서 네가 조금 살쪘구나. 너는 적어도 가벼운 운동 정도는 해야 해.
B 네 말이 맞아. 좋은 건강을 누리기 위해 운동을 하는 게 필요해.

불완료과거

① 만드는 방법

beber 마시다

bebía	bebíamos
bebías	bebíais
bebía	bebían

escribir 쓰다, 편지

escribía	escribíamos
escribías	escribíais
escribía	escribían

② 용법

과거 당시 상황이나 행위에 대한 계속성 기술
Antes yo vivía en el campo. 전에 나는 시골에서 살았지.

과거 습관
Antes comíamos mucha carne. 전에 우리는 많은 고기를 먹곤 했다.

행위의 계속성이 보이는 과거 진행형
Ella bebía una copa de vino. 그 여자는 한 잔의 포도주를 마시는 중이었다.

2

A ¿Qué debemos hacer para mantenernos en forma?
B Uds. tienen que comer moderadamente, levantarse temprano y acostarse temprano. Y no deben enfadarse inútilmente.
A Antes yo comía demasiado y me levantaba muy tarde. Ahora me levanto temprano, pero duermo durante el día, especialmente en la clase de español.
B Ja ja ja. El español es un idioma más interesante que otros, ¿no es verdad?

A 우리는 무엇을 해야 하나요, 좋은 상태에 우리 자신을 유지하려면요?
B 적당히 식사하고, 일찍 일어나고, 일찍 잠자리에 들어야 해요. 그리고 쓸데없이 화내서는 안 돼요.
A 전에 저는 너무 먹곤 했어요. 그리고 매우 늦게 일어나곤 했지요. 지금은 일찍 일어나요, 그러나 낮 동안에 잠을 자요, 특히 스페인어 수업 중에요.
B 하하하. 스페인어는 다른 것(언어)들보다 더 재미있는 언어입니다. 안 그래요?

참고해_^^

–ar 동사의 불완료과거는 다음과 같이 변화한다.
cantar 노래하다
cantaba cantabas cantaba cantábamos cantabais cantaban

3

A ¿Qué te duele?
B Me duele la garganta porque anoche yo grité viendo un partido de fútbol por la televisión.
A ¡Bebe agua o zumo de naranja! Cuando yo era profesor, hablaba mucho, así que bebía mucha agua.
B Tu hermano me dice que tú bebías mucho alcohol cuando eras joven.

A 어디가 아프니?
B 목이 아파. 왜냐하면 어젯밤 TV로 축구경기를 보면서 소리를 질렀거든.
A 물이나 오렌지 주스를 마셔라! 내가 교사였을 때, 말을 많이 하곤 했지, 그래서 많은 물을 마시곤 했다.
B 네 동생이 나에게 말하는데, 네가 많은 술을 마셨다고. 젊었을 때 말이야.

참고해_^^

다음은 불완료과거 불규칙 동사들이다.

ser	era eras era éramos erais eran
ir	iba ibas iba íbamos ibais iban
ver	veía veías veía veíamos veíais veían

단어

1 **hacer ejercicio** 운동하다 | **correr** 뛰다 | **engordar** 살찌다 | **al menos / por lo menos** 적어도 | **ligero** 가벼운 | **pesado** 무거운 | **deporte**(m) 스포츠 | **gozar de** ~을 향유하다 | **salud**(f) 건강

2 **mantener** 유지하다, 부양하다 | **forma** 형태 | **moderadamente** 적당히 | **enfadarse con / enojarse con** (AmL) ~에게 화내다 | **inútilmente** 쓸데없이 | **verdad** 사실

3 **garganta** 목구멍 | **gritar** 외치다 | **viendo** 보면서 | **por** ~으로, ~에 의해 | **zumo / jugo** 주스 | **joven**(m)(f) 젊은(이) | **cuando tú eras joven** 영어의 when you were young에 해당한다.

4

A Me casé con Arturo cuando tenía 34 años.

B ¿Dónde lo conoció usted?

A Un día me dolía mucho el estómago, así que fui a la farmacia con la receta que me dio el médico y allí por casualidad lo vi por primera vez. Él era un farmacéutico guapo.

B ¿Sabe Ud. dónde está mi media naranja? Me gustaría casarme antes de salir para Canadá.

A 나는 아르뚜로와 결혼했어. 내가 34살이었을 때.
B 당신은 어디서 그를 알았나요?
A 어느 날 배가 몹시 아파서 약국에 갔지. 의사가 나에게 준 처방전을 가지고서 말이야. 거기에서 우연히 그를 처음으로 봤지. 그는 잘생긴 약사였지.
B 제 반쪽이 어디에 있는지 당신은 아시나요? 전 캐나다를 향해 출발하기 전에 결혼했으면 하는데요.

Me casé con Arturo cuando tenía 34 años. 나이와 시간은 불완료과거를 사용한다.
con la receta que me dio el médico. que는 관계대명사로 영어의 that, which임.
me gustaría inf. (I would like to inf.) ~했으면 한다.
me gusta inf. (I like to inf.) ~하기를 좋아한다.

5

A ¡Dame el vino!

B Te lo doy en seguida. Pero no debes beber mucho. Beber demasiado es malo para la salud.

A ¡El pescado!

B Sí, sí... te lo traigo en seguida. Las verduras son muy saludables. El marido de Julia está muy bien de salud porque come muchas verduras.

A 나에게 포도주를 줘!
B 너에게 그것을 줄게, 즉시. 그러나 많이 마셔서는 안 돼. 지나치게 마시는 것은 안 좋아, 건강을 위해서는.
A 생선!
B 그래, 그래…… 너에게 그것을 당장에 가져오마. 야채들은 매우 몸에 좋다. 훌리아의 남편은 건강이 아주 좋아. 왜냐하면 많은 야채를 먹거든.

기억해줘

¡Dame el vino! 긍정명령 시 목적대명사는 동사 뒤에 붙는다. (17과 참조)
Te lo doy 간접 목적대명사가 직접 목적대명사 앞에 위치한다. te = 너에게, lo = 그것을
estar bien de salud 건강이 좋다.(건강에 대해서는 좋다)

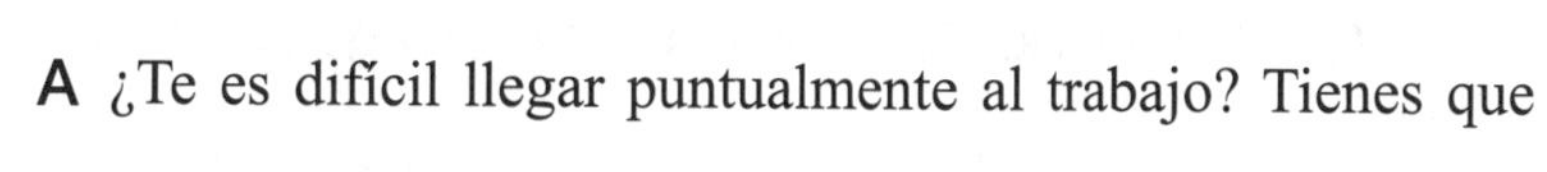

6

A ¿Te es difícil llegar puntualmente al trabajo? Tienes que llegar a tiempo.

B Lo siento. Esta mañana mi gato ha vomitado.

A ¿Eso tiene que ver con tu tardanza? Estoy cansada de oír esas excusas.

B Si mañana llego tan tarde como hoy, voy a dejar el trabajo.

A 너에게는 직장에 시간 지켜 도착하는 것이 어렵니? 너는 제 시간에 도착해야 해.
B 미안해. 오늘 아침에 내 고양이가 토했잖아.
A 그게 너의 지각과 무슨 관계인데? 나는 그런 변명들을 듣는 데 지쳤어.
B 만약 내일 내가 오늘처럼 그렇게 늦게 도착하면 일을 그만두지.

단어

4 **casarse** 결혼하다 | **tener** 가지고 있다 (have) | **treinta y cuatro** 34 | **dolía** doler 불완료과거 | **farmacia** 약국 | **receta** 처방전 | **por casualidad** 우연히 | **por primera vez** 처음으로(for the first time) | **farmacéutico** 약사 | **medio** 절반의 | **naranja** 오렌지 | **Canadá** 캐나다 5 **da** 줘 (dar 동사 명령형) | **en seguida /enseguida** 즉시 | **demasiado** 지나치게 | **pescado** 생선 | **traer** 가지고 오다(bring) (traigo traes trae traemos traéis traen) | **verdura** 야채 | **saludable** 몸에 좋은 | **marido** 남편 6 **puntualmente** 시간을 지켜 | **a tiempo** 제 시간에 | **A tener que ver con B** A는 B와 관계가 있다 | **tardanza** 지각 | **estar cansado de** ~에 지친 (물린) 상태이다 | **ese/esa** 그 | **excusas** (pl) 변명 | **tan** 그렇게(so) | **como** ~처럼, ~로서(like, as) | **dejar** 그만두다, 버리다, 남기다(let, leave, abandon)

Diálogo

A Anoche me salió sangre de la nariz.

B ¿Qué hiciste hasta muy tarde?

A Leí Cien Años de Soledad buscando un montón de palabras en el diccionario.

B Pero, hace un mes me dijiste que ya habías leído esa novela.

A Fue la versión coreana. Ahora leo la versión original porque he aprendido mucho más español que antes.

B A propósito, ¿a dónde vas a ir esta tarde?

A Voy al gimnasio. Allí hago gimnasia y tengo clases de baile.

B Quiero acompañarte al gimnasio. No es fácil ser sano y feliz.

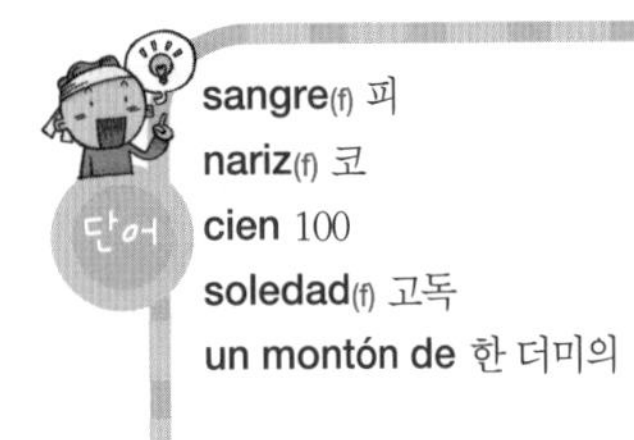

단어

sangre(f) 피
nariz(f) 코
cien 100
soledad(f) 고독
un montón de 한 더미의
palabra 단어(word)
leído leer 과거분사
fue ser 부정과거 3인칭 단수
versión 버전, 판(版), 역(譯)
gimnasio 체육관, 헬스클럽
gimnasia 체조
baile 댄스 (파티)
sano 건강한, 건전한, 몸에좋은
feliz 행복한

A 어젯밤 코에서 피가 났어.

B 매우 늦게까지 무엇을 했니?

A 〈백 년 동안의 고독〉을 읽었어. 사전에서 한 무더기의 단어들을 찾아보면서.

B 그러나 한 달 전에 네가 나에게 말했잖아, 벌써 그 소설을 읽었다고.

A 한국어 번역본이었다. 지금은 원문으로 된 것을 읽어. 왜냐하면 전보다 훨씬 많은 스페인어를 배운 상태거든.

B 그런데 말이야, 오늘 오후에 너 어디에 갈 거니?

A 헬스클럽에 갈 거야. 거기에서 체조를 하고 댄스 수업도 있어.

B 그 헬스클럽에 너를 따라가고 싶다. 건강하고 행복한 것이 쉽지는 않구나.

hace un mes
한 달 전에 * hace = ago

habías leído esa novela
과거완료는 **haber** 불완료과거 + 과거분사를 사용한다.

he aprendido mucho más español
비교급을 강조하는 표현이다. 훨씬

hacer 동사의 과거완료
= (영어) had done / had made

había hecho	habíamos hecho
habías hecho	habíais hecho
había hecho	habían hecho

Nota **cultural**

스페인에는 시에스따(siesta)라는 낮잠을 자는 풍습이 있다. 상점이나 사무실 등에서 오전 동안 하던 일을 잠시 중단하고 잠을 자면서 휴식을 취한다. 관광지에서도 이 시간에 상점 등이 문을 닫기도 해 영문을 모르는 관광객들은 당황해 한다. 시에스따로 인해서 퇴근시간이 늦어져 이를 불편해 하는 사람들도 있으며 또한 낮잠을 즐기는 사이에 업무에 공백이 생긴다는 주장 하에 많은 논란이 있었다. 이에 스페인 정부는 시에스따를 폐지하는 쪽으로 방향을 정해 정부기관에서는 공무원들의 점심 후 휴식시간이 줄어드는 대신 퇴근시간이 빨라지게 되었다. 시에스따와 업무의 효율성 문제에 대한 의견이 엇갈리는 한편 점심 식사를 하면서 개인적 휴식은 물론 인간관계를 맺도록 여유 있는 시간을 갖게 해주는 시에스따는 생활의 일부로서 오래 유지된 전통이라 쉽게 바뀌기는 힘들 것이라고 말하기도 한다.

CAPÍTULO

16

스페인어권 나라들

Objetivos

1. 접속법 현재
2. hace – que 용법

1

A Me llamo Nam Su. Hace tres años que vivo en México.
B ¿Cuánto tiempo hace que estudias en la UNAM?
A Estudio allí desde el año pasado.
B Me imagino que ya conoces bien la cultura mexicana.

A 저는 남수라고 합니다. 멕시코에 산 지는 3년 됩니다.
B 우남에서 공부한 지 얼마나 시간이 되니?
A 저는 작년부터 거기서 공부하고 있습니다.
B 나는 네가 이제는 멕시코 문화를 잘 안다고 생각이 드는구나.

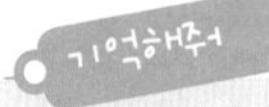

이름 묻고 답하기
(Yo) me llamo Nam Su. 나는 나 자신을 부릅니다 남수로 → 제 이름은 남수입니다.
¿Cómo te llamas (tú)? 어떻게 너 자신을 부르니 너는? → 네 이름은 뭐니?

hace 기간 que 동사현재
Hace tres años que vivo aquí. 여기에 내가 산 지 3년 된다.
¿Cuánto tiempo hace que vives aquí? 너는 여기에 산 지 얼마나 되니?
Hace una semana que José no fuma. 호세는 담배 안 피운 지 1주일 된다.

2

A ¿Cuál es la capital de Colombia? ¿Es Caracas o Lima?
B Es Bogotá. Quizás un muchacho colombiano viva con la familia de Luis.
A ¿De veras? Espero que el muchacho me hable sobre su país. Estos días estudio la cultura latinoamericana.
B A mí también me interesa mucho la cultura latinoamericana.

A 콜롬비아의 수도는 무엇이지? 카라카스니 아니면 리마니?
B 보고타야. 아마 콜롬비아 소년 한 명이 루이스네 가족과 살고 있을지도 모른다.
A 정말? 나는 그가 나에게 그의 나라에 대해 말해주길 바란다. 요즈음 난 라틴아메리카 문화를 공부하고 있어.
B 나 또한 중남미 문화에 관심이 많아.

기억해줘

접속법 현재
정의 : 우리가 그동안 배운 것은 직설법 시제들이다. 접속법은 불확실성이 내포되거나 감정의 단어가 사용될 경우 사용된다. 주절에서 희망, 명령, 요청의 동사가 사용되면 종속절의 주어가 주절 주어의 주관적 의지에 대해 부응하는 정도는 불확실하다. 따라서 접속법을 사용한다.

2. 접속법 만드는 방법 : ar 동사는 어미가 e로 바뀌고 er/ir 동사는 a로 바뀐다.

hablar		comer		vivir	
hable	hable**mos**	coma	com**amos**	viva	viv**amos**
habl**es**	habl**éis**	com**as**	com**áis**	viv**as**	viv**áis**
hable	habl**en**	coma	com**an**	viva	viv**an**

3. 사용 예

Yo espero que él viva aquí conmigo. 나는 그가 여기서 나와 살기(vivir)를 바란다(esperar).
Quiero que él me hable. 나는 그가 나에게 말해주기(hablar)를 원해(querer).
Quizás viva... quizás + 접속법 = 아마 ~인 것 같다

3

A Me gustaría estudiar español en España o en Latinoamérica.
B No creo que tú necesites ir al extranjero porque ya sabes hablar español a la perfección.
A Mi abuelo me aconseja que pase las vacaciones en algún país latinoamericano para conocer a fondo la cultura de la región.
B Nuestro profesor siempre nos dice que es importante y necesario tener conocimiento de la cultura de otros países.

A 나는 스페인이나 중남미에서 스페인어를 공부했으면 해.
B 나는 네가 외국에 가는 게 필요하다고 생각하지 않아. 왜냐하면 너는 벌써 스페인어를 완벽히 말할 줄 알잖아.
A 나의 할아버지가 그 지역문화를 완전히 알기 위해 어떤 중남미 국가에서 방학을 보내라고 충고하셔.
B 우리 선생님이 항상 우리에게 말하시지, 다른 나라들의 문화를 아는 것이 중요하고 필요하다고.

기억해줘

주절에서 동사가 부정되면 종속절에 접속법을 사용한다.
No creo que tú necesites ir al extranjero.
나는 네가 외국에 가는 게 필요하다고 생각하지 않는다.
No creo que ella sea coreana. 나는 그녀가 한국인이라고 생각하지 않아.

충고하는 동사도 바람을 나타내므로 접속법을 사용한다.
Mi abuelo me aconseja que pase las vacaciones...

단어

1 **llamar** 부르다, 전화하다 | **la UNAM** (Universidad Nacional Autónoma de México) 멕시코 국립자치대학교 | **desde** ~부터, ~이래(from, since) | **cultura** 문화 | **mexicano/a** 멕시코의(사람) **2** **cuál** 어느것(which) | **la capital** 수도 | **el capital** 자본 | **quizá(s)** 아마도 | **muchacho** 소년 | **colombiano** 콜롬비아의(인) | **sobre** ~에 관하여 | **latinoamericano** 라틴아메리카의(인) | **interesar** ~에게 흥미를 일으키다 | **me interesa el español** 스페인어에 관심 있다 **3** **creer** 믿다, 생각하다 (creo crees cree creemos creéis creen) | **creo que** (영어) I think that / I believe that | **a la perfección** 완벽히 | **abuelo** 할아버지 | **anciano** 노인 | **aconsejar** 충고하다 | **fondo** 밑바닥, 기금, 안쪽 | **a fondo** 완전히 | **pasar** 보내다, 지나가다, 발생하다 | **importante** 중요한 | **conocimiento** 동사 conocer(알다)의 명사임(영어 knowledge)

4

A ¿Por qué me dices que vuelva a casa ahora mismo?

B Los niños me piden que les haga la cena, pero estoy muy ocupado.

A Lo siento mucho, pero tengo derecho a divertirme cuando puedo. Como tú sabes, hace mucho tiempo que no salgo de casa.

B Ayúdame, amor mío. ¿Sabes que también llevo una vida muy estresada?

A 왜 너는 나에게 지금 당장 집에 돌아오라고 말하는 거야?
B 아이들이 (자기들에게) 저녁을 해 달라고 내게 요구하잖아. 그런데 내가 매우 바빠.
A 정말 미안해. 하지만 나는 할 수 있을 때 즐길 권리가 있어. 네가 알다시피, 나는 집에서 나가지 않은 지 오래되잖아.
B 날 도와줘, 여보. 알기나 해? 나도 스트레스가 많은 인생을 살고 있다는 것을.

¿Por qué me dices que vuelva a casa ahora mismo?

① decir que 직설법 = ~을 말하다 (전달기능)
② decir que 접속법 = ~하라고 말하다 (지시기능)

요청하는 동사도 바람을 나타내므로 접속법을 사용한다.
Los niños me piden que les haga la cena

5

A ¿De dónde es ella? Creo que es mexicana.

B No creo que ella sea mexicana, porque me dijo que no sabía nada de México.

A Tampoco creo que sea panameña. ¿Cuál será su acionalidad?

B No creo tampoco que sea peruana. No tengo ni idea.

A 그 여자는 어디 출신이니? 내가 생각건대, 멕시코인이다.
B 난 멕시코인이라고 생각하지 않아. 왜냐하면 나에게 멕시코에 대해 아무것도 모른다고 말했기 때문이야.
A 또한 파나마인이라고 생각하지 않는다. 그녀의 국적은 무엇일까?
B 또한 페루인이라고 생각하지 않는다. 모르겠네.

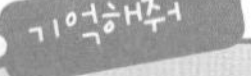

tampoco(또한 ~아니다), nunca (결코 ~아니다), nada (아무것도), nadie (아무도)
부정어가 동사 뒤에 놓이면 동사 앞에 no를 사용해야 한다.

Nadie viene. = No viene nadie. 아무도 오지 않는다.
Nunca llueve. = No llueve nunca. 결코 비가 오지 않는다.
Tampoco creo que = No creo tampoco que 나 또한 ~라 믿지 않는다.

ni는 부정문에서 '혹은', ' 그리고'의 뜻으로 쓰이고 부정문을 강조한다.
ella no come ni pan ni queso. 그녀는 빵도 그리고 치즈도 먹지 않는다.

6

A ¿Es posible que Marta hoy se levante muy temprano?

B ¿Por qué me lo preguntas?

A Ella trata de llegar a la escuela temprano para sentarse al lado del nuevo alumno.

B Me parece que el chico es comprensivo.

A 마르따가 매우 일찍 일어나는 것이 가능해?
B 왜 나에게 그것을 묻니?
A 그녀가 학교에 일찍 도착하려고 애쓴단다. 그 새로 온 학생 옆에 앉기 위해서 말이야.
B 그 남자애는 이해심 있는 사람 같아 보여.

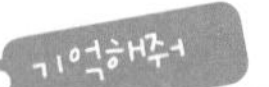

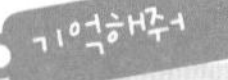

Es posible que 주어 + 접속법 (문법편 9과에서 더 자세하게 공부하도록 하자.)
* 영어(it is possible that)처럼 it과 같은 가주어가 스페인어에는 없다.

단어

4 **ahora mismo** 지금 당장 | **pedir** 요구하다, 주문하다 (pido pides pide pedimos pedís piden) | **vuelva** volver 접속법 현재(vuelva vuelvas vuelva volvamos volváis vuelvan) | **cena** 저녁식사 | **tener derecho a** ~할 권리가 있다 | **divertirse** 재미있게 즐기다(영어 have fun) | **ayudar** 도와주다(help) | **ayúdame** 날 도와줘! (me가 붙으면 강세 표시를 한다.) | **amor** 사랑 | **llevar** 가지고 가다 | **muy estresada** 스트레스가 심한

5 **no sabía** 모르고 있었다(불완료과거) | **panameño/a** 파나마인 | **sea** ser 접속법 현재(sea seas sea seamos seáis sean) | **será** ser 미래형(seré serás será seremos seréis serán) | **nacionalidad**(f) 국적 | **peruano/a** 페루인 | **no tengo ni idea** = I have no idea

6 **preguntar** 질문하다 | **tratar de inf.** ~하려고 애쓰다(영어 try to inf.) | **sentarse** 앉다 | **al lado de** ~옆에 | **comprensivo** 이해심 있는

Diálogo

A ¿Cómo se llama usted?

B Me llamo Alejandro González.

A ¿Cuántos años tiene?

B Tengo 36 años. Nací en Buenos aires, de padres venezolanos.

A ¿Cuánto tiempo hace que usted llegó aquí?

B Hace una semana que llegué.

A ¿Qué le parece esta ciudad?

B Me parece muy hermosa.

A ¿Está casado o soltero?

B Estoy casado con una mujer japonesa.

A ¿Por qué quiere Ud. trabajar en nuestra empresa?

B Esta es una multinacional. Como sé hablar español, inglés y japonés, podré trabajar activamente haciendo viajes de negocios por todo el mundo. Además, tengo amplia experiencia en mercadotecnia.

A ¿Aprendió Ud. japonés de su esposa?

B Mi carrera es la lingüística japonesa y hablo un poco de coreano.

단어

se 당신 자신을
nacer 태어나다(부정과거 nací naciste nació nacimos nacisteis nacieron)
nacimiento 탄생
venezolano 베네수엘라의
casado/a 결혼한, 기혼자(married)
soltero/a 영어의 single에 해당

japonés(m) **/ japonesa**(f) 일본의(인)
multinacional(f) 다국적기업
activamente 적극적으로
haciendo 만들면서, 하면서(making, doing)
negocio 비즈니스
amplio 넓은

experiencia 경험
la mercadotecnia / el márketing 마케팅
lingüística [링구이스띠까] 언어학
un poco de 약간의
* **carrera** = 영어 course of study, race, career의 뜻이 있다

A 성함이 어떻게 되시나요?

B 저는 알레한드로 곤살레스입니다.

A 나이가 얼마나 되시죠?

B 36세입니다. 베네수엘라 부모님 사이에서 부에노스 아이레스에서 태어났습니다.

A 언제 여기에 도착했나요?

B 1주일 전입니다.

A 이 도시가 당신에게는 어떻습니까?

B (저에게는) 매우 아름다운 것 같습니다.

A 결혼은 하셨나요?

B 일본 여자와 결혼했습니다.

A 왜 당신은 우리 회사에서 일하려고 하시나요?

B 이곳은 다국적 기업이지요. 저는 스페인어, 영어 그리고 일어를 할 줄 알기 때문에 적극적으로 일할 수 있습니다. 전 세계로 출장을 가면서요. 게다가 저는 마케팅 경험 폭이 넓습니다.

A 당신 부인에게서 일어를 배웠나요?

B 제 전공이 일어학입니다. 그리고 한국어를 조금 합니다.

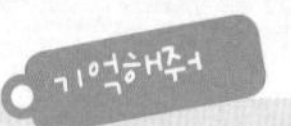

hace 기간 que 부정과거

Hace tres días que lo vi.
내가 그를 본 것은 3일 전이었다.

¿Cuánto tiempo hace que usted llegó aquí?
당신은 여기에 언제 도착했나요?

Hace una semana que llegué.
저는 1 주일 전에 도착했습니다.

Como sé hablar...
~ 말할 줄 알기 때문에

Nota **cultural**

스페인어를 사용하는 국가는 스페인 이외에 아메리카에도 많다. 언어는 스페인어를 사용하고 있지만 지역별, 나라별로 생활에서 느껴지는 문화적 다양성이 숨쉬는 곳이다. 유럽 국가들의 수도는 우리가 많이 알고 있지만 스페인어권 나라들의 수도는 꽤 알려진 곳 이외에는 낯설게 들린다. 나라별 수도를 읽어보면서 미래의 여행에 대해 지금 한 번 상상의 나래를 펴보자. 잉카 유적지를 방문하면 우리는 어떤 느낌으로 과거와 현재를 바라보게 될까?

국가	수도	국가	수도
EL PERÚ	LIMA	ESPAÑA	MADRID
GUATEMALA	GUATEMALA	COSTA RICA	SAN JOSÉ
VENEZUELA	CARACAS	MÉXICO	MÉXICO, DISTRITO FEDERAL
CUBA	LA HABANA	LA REPÚBLICA DOMINICANA	SANTO DOMINGO
COLOMBIA	BOGOTÁ	HONDURAS	TEGUCIGALPA
PANAMÁ	PANAMÁ	ECUADOR	QUITO
CHILE	SANTIAGO DE CHILE	PARAGUAY	ASUNCIÓN
ARGENTINA	BUENOS AIRES		

CAPÍTULO

17

TV와 책

Objetivos

1. 접속법 응용
2. 명령법(II)

1

A ¿Viste el partido de fútbol entre Corea y Francia?

B Sí. Voy a invitarte a una copita cuando la selección coreana llegue a la segunda ronda.

A Pedro y yo lo vimos en un bar donde había un televisor muy grande.

B Yo siempre voy al estadio cuando Corea juega contra otros países.

A 너는 한국과 프랑스 간의 축구경기를 보았니?
B 응. 한국 대표팀이 16강에 올라가면 술 한 잔 살게.
A 뻬드로와 나는 바에서 그것을 봤는데, 거기에는 아주 큰 TV 가 있었어.
B 나는 항상 경기장에 간단다. 한국이 다른 나라와 경기할 때는 말이야.

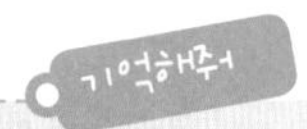

cuando + 직설법 : 습관이나 이미 발생한 행위인 경우
cuando + 접속법 : 미발생 행위

Cuando me visitas, siempre estoy en otro lugar.
네가 나를 방문할 때 나는 항상 다른 장소에 있더라고. (습관)

cuando Corea juega contra otros países
한국이 다른 나라들과 경기할 때에는 (습관)

cuando Corea llegue a la segunda ronda
한국이 16강에 오르면 (미래)

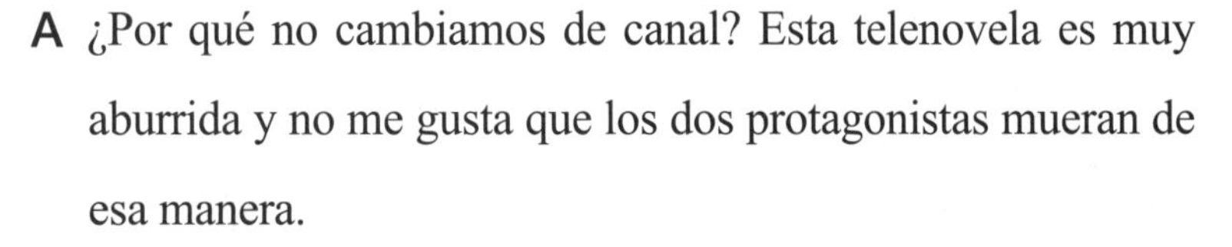

A ¿Por qué no cambiamos de canal? Esta telenovela es muy aburrida y no me gusta que los dos protagonistas mueran de esa manera.

B Ten paciencia. Son mis actores favoritos. Mira. ¡Qué actriz tan bonita!

A Ya veo que no te interesa la trama. Me preocupa que no estudies. Haz los deberes.

B Los haré después de ver esta telenovela.

A 우리 채널 바꾸는 게 어때? 이 TV 드라마는 매우 지루하다. 그리고 나는 두 주인공들이 그런 식으로 죽는 것을 좋아하지 않아.
B 참아라. 내가 제일 좋아하는 배우들이야. 봐라. 얼마나 예쁜 여배우인지!
A 이제 보니 줄거리가 너에게 관심거리가 아니군. 네가 공부 안 할까 봐 내겐 걱정이다. 숙제해라!
B 이 드라마를 본 후에 할래.

기억해줘

① no me gusta que 주어 + 접속법 : 누가 ~하는 것을 좋아하지 않는다.
② tener 동사의 tú 긍정명령은 직설법 현재 3인칭 단수를 사용하지 않고 ten을 사용한다. hacer 동사의 경우는 haz를 사용한다. ¡Haz los deberes! 숙제해라!
③ qué + 명사 + tan + 형용사 : 감탄문으로 명사에 따라 형용사가 성수 변화한다.
(예) ¡Qué edificio tan alto! 무슨 빌딩이 그렇게나 높은지!
④ me preocupa que 접속법 : 나는 ~일까 봐 걱정이다/ 나는 (que ~)을 걱정한다.

3

A Parece que va a llover. Me entran ganas de leer un libro de poemas.
B Voy a enviarle una carta a mi familia para que se acuerde de mí.
A ¿Cuánto tiempo hace que estudias en España?
B Llevo dos años estudiando administración de empresas.

A 비가 올 것 같다. 내게는 시집 한 권 읽을 마음이 생긴다.
B 나는 가족에게 편지를 보낼 거야 나를 기억하게끔.
A 너는 스페인에서 공부한 지 얼마나 되니?
B 경영학을 2년 공부하고 있지.

기억해줘

① 'para que + 접속법'은 영어의 so that에 해당하며 목적의 달성 여부가 불확실성을 내포하므로 접속법을 사용한다.
② 'llevar + 기간 + 현재분사'는 직역하면 '~하면서 얼마 간의 기간을 가져간다'는 뜻으로 행위의 지속기간을 언급한다.
Llevo dos años estudiando administración de empresas.

단어

1 **Francia** 프랑스 | **partido de fútbol** 축구경기 | **copita** copa(컵, 잔)의 축약형 | **la selección coreana** 한국 대표팀 | **la segunda ronda** 16강 | **había** 있었다 (haber 불완료과거 3인칭 단수) | **estadio** 경기장 | **jugar** 영어의 play (juego juegas juega jugamos jugáis juegan)

2 **cambiar** 바꾸다 | **aburrido** 지루한 | **protagonista**(m)(f) 주인공 | **morir** 죽다 (접속법 현재 muera mueras muera muramos muráis mueran) | **de esa manera** 그런 식으로 | **de esta manera** 이런 식으로 | **paciencia** 인내심 | **trama**(f) 줄거리, 구성(plot) | **preocupar** 기억해줘 ④ 참조 | **hacer** 하다(미래형 haré harás hará haremos haréis harán)

3 **entrar** 들어가다 | **gana** 의욕 | **poema**(m) 시 | **enviar** 보내다 | **acordarse de** ~에 대해 기억하다(접속법 현재 me acuerde / te acuerdes / se acuerde / nos acordemos / os acordéis / se acuerden) | **administración de empresas** 경영학

4

A ¿Cuántos libros lee usted al mes?

B Leo más o menos tres libros, mientras que mi hermana nunca lee.

A ¿Qué le gusta hacer? ¿Practica muchos deportes?

B Siempre se sienta frente al televisor. Prefiere ver telenovelas. Me dice que leer le provoca estrés.

A 당신은 한 달에 얼마나 많은 책들을 읽으세요?
B 대략 세 권 정도 읽어요. 반면 제 여동생은 읽지를 않아요.
A 그녀는 뭐 하는 것을 좋아하나요? 많은 스포츠를 하나요?
B 항상 TV 앞에 앉아요. TV 드라마 보는 걸 선호하고, 책 읽는 것이 본인에게 스트레스를 일으킨다고 내게 말하더군요.

5

A ¿Qué te dice María?

B Ella me dice que va a salir de Corea dentro de dos semanas.

A Aunque ella esté muy lejos, siempre pensaremos en ella.

B Por supuesto. Es nuestra mejor amiga. Pienso regalarle un libro de Miguel de Unamuno. Me gustan mucho sus obras. Es un escritor español que nació en el año 1864 y falleció en 1936.

A 마리아가 너에게 뭐라고 말하니?
B 2주 후에 한국을 떠날 거래.
A 그녀가 비록 매우 멀리 있다고 할지라도 항상 우리는 그녀를 생각할 거야.
B 물론이지. 우리의 가장 친한 친구지. 그녀에게 미겔 데 우나무노의 책을 선물할 생각이야. 나는 그의 작품들이 무척 좋다. 스페인 작가인데 1864년에 태어나 1936년에 사망했단다.

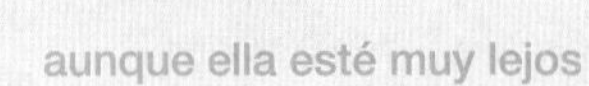

aunque ella esté muy lejos

Aunque él me <u>escribe</u> cada día, nunca le contesto.
비록 그가 내게 매일 편지를 쓰지만 결코 그에게 답장하지 않는다.
(사실로 받아들인 경우 직설법)

기억해줘

Aunque él me escriba cada día, nunca le contestaré.
비록 그가 내게 매일 편지를 쓴다 할지라도 결코 그에게 답하지는 않을 거야.
(사실로 받아들이지 않은 경우 혹은 가정적인 상황은 접속법)

관계대명사 que (영어 that, who, which, whom) : 선행사 escritor를 주격으로 받음
Es un escritor español que nació en 1864

6

A A Voy a trabajar en la cadena de televisión KBS este otoño para comprarme un abrigo de invierno.

B Pero si eres perezosa.

A He cambiado. Ya no soy perezosa. A propósito, ¿tú no quieres un nuevo abrigo?

B Mi hermano mayor me prestará el dinero para que me lo compre.

A 나는 이번 가을에 KBS 에서 일할 거야, 겨울 외투를 사기 위해서 말이야.
B 그러나 네가 게으르다면…….
A 변했지. 이제 더 이상 게으르지 않아. 그런데 말이야, 넌 새 외투 안 원해?
B 형이 나에게 돈을 빌려줄 거야 내가 그걸 살 수 있게 말이야.

참고해_^

① (Yo) me compro un abrigo : me를 사용하여 자신을 위해 외투를 산다는 뜻을 나타낸다. (I buy myself a coat.)
② KBS, NHK, BBC 등을 말할 때 cadena라는 단어를 사용한다.
(예) la cadena pública de televisión británica BBC

단어

4 **más o menos** 대략 | **mientras** ~하는 동안에 | **mientras que** ~하는 반면에 | **sentarse** 앉다 (me siento / te sientas / se sienta / nos sentamos / os sentáis / se sientan) | **televisor** TV 수상기 | **provocar** 야기하다 **5** **aunque** 비록 ~이지만, ~일지라도 | **esté** estar 접속법 현재 (esté estés esté estemos estéis estén) | **lejos** 멀리 | **pensar en** ~을 생각하다(think about) | **por supuesto** 물론 | **mejor** 더 좋은, 더 좋게(better, best) | **obra** 작품 | **escritor** 작가 | **fallecer** 사망하다 | **el año 1864** 1864년 (el año mil ochocientos sesenta y cuatro) | **1936** = mil novecientos treinta y seis *문법편 5과 참조 **6** **cadena** 체인 | **otoño** 가을 | **abrigo** 외투 | **perezoso** 게으른 | **cambiar** 바뀌다, 바꾸다 | **mayor** 나이가 더 많은 | **prestar** 빌려주다

Diálogo

A Juan, no hagas ruido, por favor. Voy a leeros un libro de un escritor famoso.

B No leas muy rápido, por favor.

A De acuerdo.

B Aunque sea aburrido, tendré paciencia.

A Es muy interesante.

B Espero que sí.

A Había una vez una princesa...

단어

ruido 소음
por favor 제발, 부디(please)
famoso 유명한

espero que sí 그러기를 바랍니다 (I hope so)
una vez 한 번

princesa 공주
príncipe 왕자

A 환, 시끄럽게 하지 마라, 제발. 너희들에게 유명한 작가가 쓴 책을 읽을 거다.

B 빨리 읽지 마세요.

A 좋다.

B 설사 책이 지루할지라도 참을 거예요.

A 매우 흥미있단다.

B 그러기를 바라요.

A 예전에 언젠가 한 공주가 있었는데…….

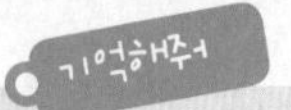

tú 부정명령과 usted 긍정 · 부정명령은 접속법을 사용하고 부정명령의 경우 목적 · 재귀대명사는 동사 앞에 위치한다.

No hagas ruido.
시끄럽게 하지 마라.

No leas.
읽지 마라. (본문에서 아들이 엄마에게 tú 형태로 명령법을 사용)

No comas.
먹지 마라.

No me escribas.
나에게 편지하지 마.

¡Lea usted!
읽으세요.

No lo lea.
그것을 읽지 마세요.

Nota cultural

노벨상 수상 작가인 콜롬비아의 Gabriel García Márquez의 소설 〈백 년 동안의 고독(Cien años de soledad)〉은 한국어 번역본으로 읽어 보지 않았어도 많이들 알고 있는 소설이다. 이제 여러분도 스페인어를 배우기 시작했고 앞으로 스페인어권으로 여행도 하고 사람들과 어울리면서 라틴문화의 매력을 느끼게 될 것이다. 그 과정에 책을 통한 문화적 접근이 있을 것이다. 향후 원서로 읽어볼 것을 기대하면서 첫 페이지 몇 줄을 한 번 소개한다.

CIEN AÑOS DE SOLEDAD

NOBEL 82 — Gabriel García Márquez

Muchos años después, frente al pelotón de fusilamiento, el coronel Aureliano Buendía había de recordar aquella tarde remota en que su padre lo llevó a conocer el hielo. Macondo era entonces una aldea de veinte casas de barro y cañabrava construidas a la orilla de un río de aguas diáfanas que se precipitaban por un lecho de piedras pulidas, blancas y enormes como huevos prehistóricos. El mundo era tan reciente, que muchas cosas carecían de nombre, y para mencionarlas había que señalarlas con el dedo. Todos los años, por el mes de marzo, una familia de gitanos...

여기서부터는 책을 뒤집어서 뒷장부터 보십시오!